XINSHIDAI JIFA SIWEI XILIE CONGSHU

新时代纪法思维系列丛书

纪检监察
证据收集与审查

孙宏斌 ——— 著

中国方正出版社

目　　录

第一章 证据基础

证据问题是纪检监察工作的关键问题，无论是监督检查、审查调查还是案件审理工作都离不开证据。办案简单讲就是办证据，是通过证据来还原过去已发生的事实。有学者曾说，证据是正义之根基，排除证据就是排除正义。如果把诉讼过程比作生产作业流水线的话，证据就是一种产品，办案人员则是产品的生产者和提供者。只有生产出的产品合格，才能满足接收者（审理部门、司法机关）的需求。如果产品有小瑕疵，则需要修补（瑕疵证据补正）；如果有严重缺陷的话，就要退货或舍弃（退回补充调查、非法证据排除）。

第一节　基本概念

一、纪、法、罪

（一）定义

1. 违纪，是党组织和党员违反党章和其他党内法规，违反国家法律法规，违反党和国家政策，违反社会主义道德，危害党、国家和人民利益，依照规定应当给予纪律处理或者处分的行为。根据《中国共产党纪律处分条例》（以下简称《纪律处分条例》）规定，违纪行为主要包括违反政治纪律、组织纪律、廉洁纪律、群众纪律、工作纪律和生活纪律等六项纪律的行为。

2. 违法，是指违反国家法律法规，应当追究法律责任的行为。职务违法是指行使公权力的公职人员实施的与其职务相关联，违反法律法规规定，虽不构成犯罪但依法应当承担法律责任的行为。根据《中华人民共和国监察法》（以下简称《监察法》）规定，职务违法主要包括贪污贿赂、滥用职权、玩忽职守、权力寻租、利益输送、徇私舞弊以及浪费国家资财等行为。

3. 犯罪，是指具有社会危害性，触犯《中华人民共和国刑法》（以下简称《刑法》），应予以刑事处罚的行为。一个行为能否被认定为犯罪有严格的要求，以体现刑法的谦抑性。职务犯罪是指公职人员利用职权实施的依照刑法应予以刑事处罚的行为。在《刑法》规定的400多个罪名中，有关职务犯罪的有101个罪名，包括监委专属管辖的46个罪名，监委与公安机关共同管辖的41个罪名，以及监委与检察机关共同管辖的14个罪名。

（二）三者关系

违纪、职务违法和职务犯罪案件在根本属性、适用对象、价值追求和处置后果等方面存在明显差异。

1. 根本属性不同。违纪案件依据党章党规党纪以及党和国家政策、社会主义道德等，有着鲜明的政治性和政策性；职务违法案件依据《监察法》和《中华人民共和国公职人员政务处分法》（以下简称《公职人员政务处分法》）等国家法律法规，体现的是对公职人员行使公权力的监督；职务犯罪依据刑事法律，遵循罪刑法定原则。三者分别在不同领域进行评价，不是简单、机械和线性的递进关系，也不是同一评价体系中孰轻孰重的关系。

2. 适用对象不同。违纪案件适用对象是党组织和党员；职务违法案件适用对象是行使公权力的公职人员；职务犯罪案件适用对象主要是公职人员，行贿罪等犯罪也适用于非公职人员。

3. 价值追求不同。违纪案件主要基于“惩前毖后、治病救人”方针，通过准确运用“四种形态”纯洁党的队伍，维护党的团结统一；职务违法案件主要通过法律来加强对所有公职人员行使公权力的监督和约束，目的是促进公职人员依法履职、秉公用权、廉洁从政从业、坚持道德操守；职务犯罪案件则是通过适用刑罚来惩治和预防腐败犯罪，做到打击犯罪和保障人权并重。

4. 处理结果不同。一般而言，认定事实性质越严重，处理结果也会越重，对当事人权益可能产生的影响就越大。相对而言，党纪政务处分主要针对当事人的职务身份和个人待遇，撤销后其后果一定程度可以恢复；而刑罚涉及公民人身自由甚至生命权的限制、剥夺，一旦实施不可逆转，是最严厉的惩戒措施。

纪、法、罪三者的区别还可以具体体现在查办案件的起点、中点和终点上。

起点，指的是纪律比法律有更高的要求，纪律是红线，法律是底线，入纪比入罪门槛要低。比如，受贿犯罪一般以 3 万元为入罪标准，而收受礼金行为没有这个最低要求。再如，法律对违法行为的追究存在追诉时效的问题，没有发现该违法行为一定期限后就不再追究法律责任，而纪律没有追诉时效的问题，任何时间发现党员有违纪行为，都应予以追究。

中点，指的是审查调查过程中应当坚持把纪律挺在前面，将执纪和执法结合起来，纪、法、罪贯通起来，一体推进，既要避免查纪不查法，也要避免重法、罪而轻纪的问题。

终点，指的是在最终处理上纪律先于法律。比如，对于严重违纪违法涉嫌犯罪的，原则上要先开除党籍后再移送司法机关依法处理，防止出现“带着党籍蹲监狱”的问题。

二、证据与证据能力

1. 证据。1991 年《中共中央纪律检查委员会关于查处党员违纪案件中收集、鉴别、使用证据的具体规定》和 1994 年《中国共产党纪律检查机关案件检查工作条例》中都把证据界定为“证明案件真实情况的一切事实”，这与 1979 年和 1996 年《中华人民共和国刑事诉讼法》（以下简称《刑事诉讼法》）关于证据的定义是一致的。2012 年《刑事诉讼法》将证据重新界定为“可以用于证明案件事实的材料”，表明我们对证据属性的认识提高到了一个新的层次。有学者认为，材料是证据的载体，不是证据本身，证据应当是诉讼信息，能够证明案件事实的信息都可以作为证据。这种观点为我们理解证据提供了更广阔的视野。

《刑事诉讼法》明确规定的证据种类包括：（1）物证；（2）书证；（3）证人证言；（4）被害人陈述；（5）犯罪嫌疑人、被告人供述和辩解；（6）鉴定意见；（7）勘验、检查、辨认、侦查实验等笔录；（8）视听资料、电子数据。

《中华人民共和国监察法实施条例》（以下简称《监察法实施条例》）关于证据定义、证据分类与《刑事诉讼法》基本相同。第六十六条规定，可以用于证明案件事实的材料都是证据，包括：（1）物证；（2）书证；（3）证人证言；（4）被害人陈述；（5）被调查人陈述、供述和辩解；（6）鉴定意见；（7）勘验检查、辨认、调查实验等笔录；（8）视听资料、电子数据。

2. 证据能力。证据能力又称为“证据资格”，指的是一项证据能成为法律认定事实的依据而必须具备的资格和条件。证据能力，涉及证据的合法性问题。

证据能力不同于证明力，证明力又称为“证明价值”，指的是一项证据在经验和逻辑上能够发挥证明作用的能力。证明力的大小，主要从证据的真实性和关联性两个角度来评判。[①]

三、证明与证明体系

1. 证明。案件一经发生，就成为历史。证明就是用证据来重建案件事实的过程，是国家专门机关、当事人和辩护人、诉讼代理人按照法定的程序和要求，运用证据解释或认定案件事实的诉讼活动。[②] 证明主要包括证明对象、证明责任和证明标准等要素。其中，证明对象解决的是“证明什么”的问题，主要包括主体身份、违纪违法犯罪事实、量刑量纪情节等；证明责任解决的是“谁来证明”的问题，包括各级纪检监察机关及其工作人员；证明标准解决的是“证明程度”的问题。

2. 证明体系。证明体系又可称为证据锁链，一般是指全案证据在查证属实的前提下，相互衔接和协调一致，证据之间相互印证，形成环环相扣的闭合锁链。[③] 证明体系包括两种类型：

---

① 参见陈瑞华：《刑事证据法》，北京大学出版社 2014 年版，第 91—107 页。

② 参见陈光中主编：《证据法学》，法律出版社 2015 年版，第 289 页。

③ 参见张军主编：《刑事证据规则理解与适用》，法律出版社 2010 年版，第 253—254 页。

一种是以直接证据为中心构成的证明体系，最典型的就是有口供的案件。如果直接证据的真实性能够得到其他证据的印证，那么证明体系就可以形成。职务犯罪案件中，多数案件属于该种类型，即以被审查调查人供述为中心，以证人证言、书证、物证为辅，共同构建证明体系。另一种是缺少直接证据、由间接证据构成的证明体系，最典型的就是零口供的案件。根据相关规定，间接证据需同时符合以下条件才可以定罪：(1) 证据已经查证属实；(2) 证据之间相互印证，不存在无法排除的矛盾和无法解释的疑问；(3) 全案证据形成完整的证据链；(4) 根据证据认定案件事实足以排除合理怀疑，结论具有唯一性；(5) 运用证据进行的推理符合逻辑和经验。(见下图)

证明体系的形成方式

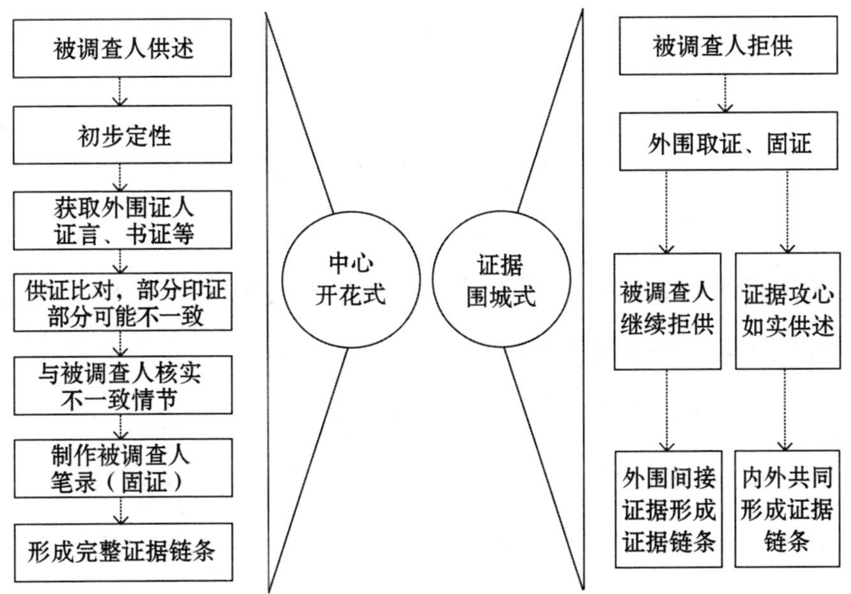

四、证明标准与证据标准

1. 证明标准。证明标准是证明责任主体在证明活动中运用证据对案件事实加以证明所要达到的程度或要求。只有达到规定的证明标准，才能认定案件事实。《刑事诉讼法》明确规定，职务犯罪案件的证明标准是“事实清楚，证据确实、充分”；《中国共产党纪律检查机关监督执纪工作规则》（以下简称《监督执纪工作规则》）、《监察法实施条例》等党内法规、法律法规都规定了违纪和职务违法案件的证明标准是“事实清楚、证据确凿”。虽然表述上略有不同，但违纪、职务违法和职务犯罪案件的证明标准总体上是一致的。

需要注意的是，上述证明标准是在案件审查调查终结后进行最终定性处置或者提起公诉、审判等作出关键结论时采用的证明标准。由于办案是一个认识逐步深入的过程，不同办案阶段对相关证明对象的证明标准会存在程度上的差别。例如，职务犯罪案件中，立案的标准是“发现犯罪事实或者犯罪嫌疑人”；留置的标准是“被调查人涉嫌贪污贿赂、失职渎职等严重职务违法或者职务犯罪，监察机关已经掌握其部分违法犯罪事实及证据，仍有重要问题需要进一步调查”。

2. 证据标准。证据标准不是一个学理上的概念，一般认为证据标准是为达到证明标准，收集、固定、审查和运用证据证明案件事实所应达到的具体标准或要求。证据标准主要包括两方面的内容：一是证据“质”的要求。无论是违纪、职务违法还是职务犯罪案件，作为证据都必须满足客观性、关联性、合法性和规范性等基本要求。二是证据“量”的要求。这是证据充分性的问题，违纪、职务违法和职务犯罪案件对于证据“量”的要求是有区别的。比如，收受礼金的行为就不能完全按照受贿犯罪的证据标准来取证，双方对来源、去向有合理解释的，一般不需要证明来源和去向。

五、法律事实与客观事实

简单讲，法律事实，是能够用证据证明的事实；客观事实，是客观实际发生的事实。法律事实不等同于客观事实，但应尽可能接近客观事实。

区分这两个概念的意义在于，证据是认定案件事实的基础，无法用证据证明的事实就是无源之水、无本之木。由于受人的认识水平、办案手段、关键证据灭失等多种因素影响，有时无法完全还原案件事实的本来面目。有学者提出，案件事实的陈述既是一个真相的发现过程，也是一个真相的丧失过程。因为法律和案件事实是用语言表述的，而语言陈述的事实掺杂了陈述者自己的主观判断，有一定取舍，无法还原客观真实，所以说陈述既是真相的发现，也是真相的丧失。[①] 这其实就是我们讲的法律事实和客观事实的关系。办案中既不要理想主义，认为什么都能查清楚，也不要轻易放弃对真相的追求。总之，“一切用证据说话”。

---

① 参见陈兴良：《法律在别处》，载《法制资讯》2008年第3期。

第二节　常见证据分类

根据不同的分类标准，证据可分为言词证据与实物证据、定罪证据与量刑证据、过程证据与结果证据、直接证据与间接证据、原始证据与传来证据、原生证据与再生证据等多种类型。

一、言词证据与实物证据

根据证据载体的表现形式不同，证据可分为言词证据和实物证据。言词证据是以言词陈述为载体的证据形式，是审查调查中最常见的证据种类，包括被审查调查人供述和辩解、证人证言、鉴定意见等。言词证据由于受人的记忆力、表达力、诚信度等因素影响，具有主观性、易变性等特征，其优点是关联性较强，缺点是存在较高的虚假风险。审查调查中，要特别注意言词证据内容的真实性和稳定性。

实物证据是指以实物、文件等方式记载证据事实的证据，包括物证、书证、视听资料、电子数据等。实物证据具有客观性、稳定性等优点，缺点是在收集、固定、保存等环节存在失真风险，如被调包、保管不善被毁损等。审查调查中，要特别注意实物证据来源的可靠性、提取过程的规范性和保管的完善性。

二、定罪证据与量刑证据

根据待证事实不同，证据可分为定罪证据和量刑证据。定罪证据是证明有关犯罪构成要件的证据，根据传统刑法理论，犯罪构成要件包括主体、主观方面、客体、客观方面四个要件。

量刑证据是证明有关量刑情节的证据，职务犯罪案件的量刑情节，主要包括自首、立功、坦白、退赃、认罪悔罪态度等方面。审查调查中，不能忽略量刑证据的收集，比如被调查人认罪悔罪的态度、其要求家人积极退缴赃款的情况等都要如实记录在笔录中，办案部门出具的关于量刑情节的说明材料应当具体明确，不能笼统表达。

三、过程证据与结果证据

根据证明内容是过程还是结果事实，证据可分为过程证据和结果证据。过程证据是对调查活动或证据收集过程的记录，具体包括搜查笔录、辨认笔录、勘验笔录、检查笔录、调查实验笔录等笔录证据，也包括破案经过等情况说明材料。过程证据对取证过程的合法性和结果的真实性具有印证作用。审查调查中，尤其要注意过程证据提取的规范性。

结果证据是办案人员调查取证的结果，包括被审查调查人供述和辩解、证人证言等言词证据，也包括书证、物证等实物证据。

四、直接证据与间接证据

根据证据内容与案件主要事实之间的关系，证据可分为直接证据和间接证据。案件主要事实包括两方面：一是犯罪行为是否发生；二是犯罪行为是否是被审查调查人所为。直接证据是指包含的信息可以证明案件主要事实成立或不成立的证据，最典型的是被审查调查人供述和辩解；间接证据是指不能直接证明案件主要事实，而只能证明主要事实的一个环节或链条的证据，最常见的有书证、物证、鉴定意见等。

比较而言，直接证据的关联性和证明力更强。职务犯罪案件，通常是以直接证据为基础，间接证据来印证，共同构成证明体系。所以审查调查中，要多收集被审查调查人供述和辩解等直接证据，同时兼顾间接证据，尤其是关键的书证、物证。

五、原始证据与传来证据

根据载体的来源不同，证据可分为原始证据和传来证据。原始证据是直接来源于案件原始事实的证据，比如搜查中查扣的赃款赃物；传来证据是指经过传播、复制形成的二手及以上的证据，比如调取的书证复印件、打印的物证照片、证人转述的当事人的供述等。

比较而言，原始证据的真实性和证明力更强，而传来证据由于不是一手资料，在复制过程中可能存在一定风险，所以审查调查中，应尽量使用原始证据；如果原始证据取得有困难的，则应采用复制、转述次数最少（最接近原始证据）的传来证据。

六、原生证据与再生证据

根据形成时间和目的不同，证据可分为原生证据和再生证据。原生证据是行为人在实施犯罪过程中形成的能够反映案件事实的证据；再生证据是犯罪事实发生后，行为人为了对抗调查、逃避法律追究而进行的各种反调查活动所形成的证据，比如能证明行为人毁灭、隐匿、伪造证据，与相关人员串供、订立攻守同盟等。再生证据虽然不能直接证明案件事实，但是能够对原生证据起到重要的补强作用，同时也是影响对行为人量刑的一个酌定情节。

审查调查中，再生证据有两方面作用，既是受贿案件重要的辅助证据，又是违反政治纪律对抗组织审查事项中的主要证据。对于办案人员而言，不仅要重视收集、固定原生证据，也要树立收集、运用再生证据的意识。

第三节 证据收集的基本原则

证据收集工作必须坚持实事求是、严格依规依纪依法、优质高效和确保安全等基本原则。

一、实事求是

“实事求是，是马克思主义的根本观点，是中国共产党人认识世界、改造世界的根本要求，是我们党的基本思想方法、工作方法、领导方法。”实事求是，是新时代纪检监察工作高质量发展的生命线。纪检监察工作涉及人的评价和处理，关系党员干部政治生命，关系党和国家事业成败，必须坚持实事求是，客观公正处理问题。《纪律处分条例》第四条明确规定：“对党组织和党员违犯党纪的行为，应当以事实为依据，以党章、其他党内法规和国家法律法规为准绳，执纪执法贯通，准确认定行为性质，区别不同情况，恰当予以处理。”《监察法》第五条规定，“国家监察工作严格遵照宪法和法律，以事实为依据，以法律为准绳”。在审查调查工作中，贯彻实事求是的原则，坚持事实为上，证据为王，在证据的收集上应当做到真实、客观，不能伪造、变造或臆造，也不能选择性取证；在案件处理上也应当根据调查的事实，依据党规党纪和法律法规进行。

二、严格依规依纪依法

严格依规依纪依法是对办案程序性的要求。《监督执纪工作规则》第四十六条第一款规定：“纪检监察机关应当严格依规依纪依法收集、鉴别证据，做到全面、客观，形成相互印证、完整稳定的证据链。”《监察法》第五条规定，“遵守法定程序，公正履行职责”；第四十三条规定，“调查人员应当依法文明规范开展调查工作。严禁以暴力、威胁、引诱、欺骗及其他非法方式收集证据”。作为纪检监察干部，必须忠实履行党纪国法赋予的职责，严格按照有关要求来调查取证，确保人民赋予的权力不被滥用，确保收集的证据合法有效。

三、尊重和保障人权

尊重和保障人权是对办案手段和方式的要求，是我国宪法的基本原则之一。2020 年《中华人民共和国民法典》颁布实施后，如何在行使公权力的同时，最大限度保护私权利是每个纪检监察干部都应认真思考和做好的课题。2024 年《监察法》

修改，强化人权保护理念是重要特点，总则部分增加规定，“尊重和保障人权，在适用法律上一律平等，保障监察对象及相关人员的合法权益”。《监察法》第四十三条第三款规定：“监察机关及其工作人员在履行职责过程中应当依法保护企业产权和自主经营权，严禁利用职权非法干扰企业生产经营。需要企业经营者协助调查的，应当保障其人身权利、财产权利和其他合法权益，避免或者尽量减少对企业正常生产经营活动的影响。”第五十条第三款规定：“监察机关应当保障被强制到案人员、被管护人员以及被留置人员的饮食、休息和安全，提供医疗服务。”

四、优质高效

优质高效是对办案结果的要求。评价审查调查工作有两项重要指标：一是案件的质量，简单讲就是“好”；一是案件的效率，简单讲就是“快”。其中，案件质量是前提和基础。审查调查部门要给审理和司法机关移送高质量的证据产品，要经得起法庭的审判，经得起律师的质证，经得起历史的检验。“案件质量是所有工作的核心，是‘1’和‘0’的关系，失去了案件质量这个‘1’，其他工作就都会成为‘0’。”而案件效率是保障，只单纯求好，速度太慢，也就失去好的应有之义。所以，审查调查工作要做到既好又快，简单讲就是优质高效。

五、确保安全

确保安全是对办案底线的要求，没有安全就没有审查调查。具体而言，审查调查工作中的安全，既包括审查调查对象的安全，也包括涉案人员的安全。安全问题贯穿审查调查工作全流程。谈话前要严格履行审批程序，尽可能了解谈话对象有关情况，并对安全风险进行综合评估；谈话中先了解谈话对象的身体和精神状况，有无严重疾病，过程中关注谈话对象的情绪和身体变化，发现严重问题要及时就医，走读式谈话结束前要做好思想疏导工作；谈话后要严控知悉范围，严格履行“手递手”交接程序，把安全隐患和风险降到最低。

第四节　重要证据规则

证据规则，是规范证据的收集、审查判断等行为的法律准则。审查调查中，常见的证据规则包括非法证据排除规则、瑕疵证据补正规则、口供补强规则、意见证据规则、最佳证据规则、隐蔽性证据规则等。

一、非法证据排除规则

获取口供主要有两种方式，一种是文明的以做思想工作为手段，通过耐心细致的思想政治工作，纪法情理贯通融合，最终达到教育感化挽救的目的；另一种是非文明的以刑讯逼供等为手段，通过肉体的折磨、精神的痛苦，达到形式上的认罪，结果很可能造成冤假错案。

非法证据排除规则是指通过非法手段获得的证据因为不符

合证据合法性要件、不具备证据能力而被排除。《监察法》第四十三条规定，严禁以暴力、威胁、引诱、欺骗及其他非法方式收集证据。第三十六条规定，以非法方法收集的证据应当依法予以排除。

1. 非法证据的种类。根据相关司法解释，需要排除的非法证据主要有两类：

一类是采取暴力、威胁以及非法限制人身自由等非法方法收集的言辞证据，包括被审查调查人供述和证人证言。此类证据的排除，遵循绝对排除原则。暴力是指采取殴打、违法使用戒具等非法方法，其行为严重侵犯人权，违背司法公正，同时极易造成冤假错案。威胁是指采取暴力或者严重损害本人及其近亲属合法权益的方法，比如恐吓谈话对象对其使用暴力，揭露个人隐私，对其近亲属采取强制措施、追究责任等。根据有关规定，采用非法方法收集的有罪供述以及在此影响下作出的重复性供述，是一并排除的。需要注意的是，谈话中一般性的威吓，由于程度轻微，不足以迫使谈话对象违背意愿作出供述，属于不规范谈话方法，不是非法证据的威胁手段。

采取引诱和欺骗方式收集证据的排除问题，相关司法解释没有具体规定。现实中还要考虑这两种方法与谈话策略技巧的区分问题。司法实践中，禁止的引诱手段通常是指以非法利益引诱的方法，比如对吸毒的谈话对象称，只要认罪就可以为其提供毒品；禁止的欺骗手段是指严重违背社会公德的方式，比如对谈话对象谎称其亲属遭遇车祸，只有认罪才能见面。而谈话过程中，利用信息不对称促使其供述的方式，则不属于被禁止的欺骗方式。

其他非法手段还包括冻、饿、晒、烤、疲劳审讯等。这就是为何要保障谈话对象的饮食和休息，为何谈话室会显示温度和湿度，为何要限制谈话时长的原因。

另一类是不符合法定程序收集的物证、书证。比如，办案人员未办理搜查、扣押等法律手续，就在审查调查对象单位工作人员的带领下，打开办公室门，拿走了存放于办公室密码柜中的重要书证。由于此类客观证据往往具有唯一性，被排除后无法再次获得，所以法律规定了裁量排除原则，先给予补证和合理解释的机会，如果不能补证或作出合理解释的，对有关证据应当予以排除。

2. 非法证据排除的例外。根据相关司法解释，有两种情形不属于排除范围：一是调查期间，监察机关根据控告、举报或者自行发现等，确认或者不能排除以非法方法收集证据而更换调查人员，其他调查人员再次讯问时告知有关权利和认罪的法律后果，而自愿供述的。二是审查逮捕、审查起诉和审判期间，检察人员、审判人员讯问时告知有关权利和认罪的法律后果，而自愿供述的。

3. 非法证据排除的启动、调查和证明。根据规定，法庭上启动排非程序，当事人及其辩护人应当提供涉嫌非法取证的人员、时间、地点、方式、内容等相关线索或者材料。调查过程中，公诉人有举证责任，来证明证据收集的合法性，主要采用三种方式：一是宣读笔录、出示提讯登记、体检记录等证据材料，这是常规措施。二是有针对性地播放讯问录音录像。通常，调查阶段录音录像是不随案移送的，但是司法机关认为有必要的，可以商请监察机关调取，使用时严格采取保密措施。三是提请法庭通知有关调查人员出庭说明情况。法院认为有必要的，经沟通可以通知调查人员出庭。调查人员向法庭说明证据收集的过程，并就相关情况接受控辩双方和法庭的询问。法庭经过调查，确认或者不能排除存在以非法方法收集证据情形的，对有关证据应当予以排除。这意味着，对证据合法性的审查也是适用“证据确实、充分”的证明标准。

二、瑕疵证据补正规则

瑕疵证据是指取证程序或者形式上存在一定问题的证据，比如言词证据缺少调查人员的签名，调取书证复印件缺少制作过程的说明，搜查中缺少见证人等。瑕疵证据区别于非法证据，主要是违法程度不同。非法证据是严重损害被调查人合法权益的证据，而瑕疵证据则是取证程序有轻微违法。

瑕疵证据补正规则，是指对取证中出现的瑕疵证据应当及时补正或者作出合理解释，不能补正或者作出合理解释的应当予以排除。2010 年最高人民法院、最高人民检察院、公安部、国家安全部、司法部《关于办理死刑案件审查判断证据若干问题的规定》(以下简称《办理死刑案件证据规定》)最早对此进行了规定，明确了证据出现瑕疵时的处理规则。

三、口供补强规则

这是适用于口供的证据规则，是证据相互印证规则的重要内容。由于职务犯罪案件通常有以口供为中心建构证明体系的特点，所以口供是事实上的证据之王。为防止以刑讯逼供等非法方式取证，确保口供证据的真实性，法律禁止以口供作为有罪判决的唯一依据，要求提供其他证据予以“补强”和“印证”。《刑事诉讼法》第五十五条规定，“只有被告人供述，没有其他证据的，不能认定被告人有罪和处以刑罚”。这就要求我们不但要注重获取被调查人的口供，还要注意收集其他证据，尤其是书证、物证等客观性证据。

就违纪案件而言，相关党内法规也有类似规定，明确要求在没有物证、书证的情况下，仅凭言词证据定案时，必须有两个以上（含两个）证据，才能定案。仅有受审查党员的交代，没有其他证据，不能定案。

四、意见证据规则

这是适用于证人证言的证据规则，是指证人猜测性、评论性和推断性的证言，不得作为证据使用，但根据一般生活经验判断符合事实的除外。意见证据规则，要求证人只能对其亲身感知、见证的情况提供证言，防止证人对案件事实的认定产生误导。比如，某证人证实，他看见张某（领导干部）和李某（私营企业主）平时走得很近，认为他俩之间肯定存在不正当经济关系，但具体情况不清楚。这就是典型的意见证据，可以作为判断分析问题的线索，但不能作为证明案件事实的证据使用。

需要指出的是，专家证人与一般证人不同，专家证人是在某一领域具有专业知识和经验的人，其可以对所在领域的专门性问题发表专业意见。

五、最佳证据规则

最佳证据规则是一项历史悠久的证据规则，主要适用于书证、物证。当多个证据对案件事实都有证明力时，应当选择最令人信服和最有说服力的证据，比如原件与复印件相比优先选择原件。这是基于对证据来源和真实性的考虑，复印件容易伪造，所以对于复印件必须说明来源，并与原物原件核对无误。《监察法》第二十八条规定，采取调取、查封、扣押措施，应当收集原物原件；而《纪检监察机关监督检查审查调查措施使用规定》(以下简称《措施使用规定》)与《刑事诉讼法》及相关司法解释规定相同，都没有严格要求必须是原物原件。在调取原物原件确有困难的情况下，也可以使用能够反映原物外形和特征的复制品、复制件等。

六、隐蔽性证据规则

隐蔽性证据，是指只有少数当事人知情的证据。《办理死刑案件证据规定》最早明确了隐蔽性证据规则，起初主要适用于死刑案件。2012 年最高人民法院《关于适用〈中华人民共和国刑事诉讼法〉的解释》将该规则适用于所有刑事案件。2021 年最高人民法院《关于适用〈中华人民共和国刑事诉讼法〉的解释》沿用了这一规定。法条规定，根据被告人的供述、指认提取到了隐蔽性很强的物证、书证，且被告人的供述与其他证明犯罪事实发生的证据相互印证，并排除串供、逼供、诱供等可能性的，可以认定被告人有罪。基于隐蔽性证据的当事人亲历性特点，证据的证明力较强。职务犯罪案件中，要注意尽可能全面收集隐蔽性证据，比如当事人交代的受贿地点、贿赂物的特征、证据材料和赃款藏匿地点等，并据此延伸调取有关物证、书证。

第二章
言词证据的收集与固定

言词证据是审查调查中最常见的证据种类，包括被审查调查人供述和辩解、证人证言、鉴定意见等，其收集主要是通过谈话方式进行，而固定主要是以笔录形式体现。

第一节　审查调查谈话

审查调查谈话，是指在审查调查工作中，谈话主体通过与谈话对象语言的交流，促使谈话对象如实供述其涉嫌违纪违法犯罪事实，还原案件真相的过程。广义的谈话，还包括审查调查中与一般证人的谈话。

一、审查调查谈话的基本特点

1. 谈话主体。审查调查谈话的主体应当是两名以上的纪检监察干部，借调同志要有正式的借调手续，专门看护人员不能参与审查调查谈话活动。

2. 谈话对象。审查调查谈话的对象是党员或者国家公职人员。与公安机关等执法部门谈话对象不同，审查调查谈话对象往往是所在地区所在部门的领导干部，掌握一定的公权力，具有一定的文化知识水平。

3. 谈话内容。审查调查中的谈话，主要是与谈话对象核实、查明其涉嫌的违纪违法犯罪问题。根据纪检监察机关事先是否掌握有关问题线索，可以将谈话内容分为两种：一种是纪检监察机关之前已经掌握的，谈话对象到案后如实交代的问题；另一种是纪检监察机关之前没有掌握的，谈话对象到案后自己主动交代的问题。两种方式不同，会影响被审查调查人构成坦白、自首等量刑情节的认定。

4. 谈话方式。（1）违纪问题谈话和犯罪问题谈话。对于一般违纪问题，我们使用“谈话”方式，而对于犯罪问题，区分审查调查对象和一般证人，分别使用“讯问”和“询问”方式。（2）走读式谈话和羁押式谈话。走读式谈话是指与未被采取留置等措施的对象谈话；羁押式谈话是指与被采取留置或其他限制人身自由措施的对象谈话。这两种谈话方式，在谈话策略、安全要求等方面是不一样的。审查调查中，与主要对象通常采取羁押式谈话。（3）突破性谈话和核实性谈话。突破性谈话是指办案人员谈话之前并不掌握或者掌握很少有关问题的具体情况，而是通过谈话使谈话对象主动交代；核实性谈话是指办案人员就谈话之前已经掌握的问题内容，与谈话对象进行谈话核实。这两种不同的谈话类型，谈话方式有很大不同。(4) 由人到物和由物到人谈话。由人到物谈话，是指先掌握有关涉案人员，通过谈话核实被审查调查人与该涉案人员存在不正当经济往来情况；由物到人谈话，是指先掌握有关涉案财物，通过谈话核实涉案财物的来源以及有关涉案人员的具体情况。这两种不同的方式，审查调查中往往结合起来使用。

二、谈话对象的心理特征

审查调查谈话中，对象的心理主要包括畏罪、侥幸、抵触、戒备、悲观和好面子心理等，其中畏罪和侥幸心理占据主导地位。

1. 畏罪心理。畏罪心理是形成供述障碍最主要的心理状态。无论是具有一定职权、地位的领导干部，还是涉案的私营企业主等，都会畏惧或担心供述后需要承担的法律责任，如受到刑事处罚而失去人身自由、财产、名誉和地位，家庭也可能受到牵连和影响。具体表现为，为逃避或减轻罪责，谈话对象全部否认、避重就轻、反复无常、情绪消沉等。

2. 侥幸心理。侥幸心理是职务犯罪案件谈话中常遇到的心理状态。对象的侥幸心理主要来源于三方面因素：一是人的因素，比如我不讲，家人或行贿人等知情人也不会讲；二是物的因素，比如该事实没有签订协议等书证，或者涉案赃款赃物已经被转移，不会被发现；三是行为的因素，比如该事实比较隐蔽，没有留下痕迹等。[①] 谈话对象根据自己过往经验、反调查能力以及对谈话人员已掌握的证据情况等综合判断后，坚持“老子不开口，神仙难下手”，自认为办案人员不会找到证据，可以隐瞒罪行、逃避罪责。具体表现为，对象在接受谈话中试探摸底、矢口否认、避重就轻或者干脆沉默不语。

3. 抵触心理。抵触心理是指谈话对象基于逃避法律惩罚的心理需求所表现出来的不满、误解和敌视的对抗心理。出现抵触心理的原因，有的是因为谈话对象认为是有人在利用办案机关故意整他，有的是因为办案人员不恰当的谈话方法造成对抗心理等。具体表现为，谈话对象行为暴躁、出言不逊，甚至情绪失控，绝食、自残或者反应冷漠、漫不经心、沉默不语等。[②] 比如某对象讲：“你们认为我有罪枪毙我好了，我就这样了，爱咋咋地。”

4. 戒备心理。戒备心理是一种自卫性质的防御心理，通常是在谈话初期和中期常见的一种心理状态。这种高度的戒备和警觉，使得办案人员很难走进谈话对象的内心深处。具体表现为，针对办案人员的问话，会担心“祸从口出”，反复推敲其中蕴含的信息，揣摩谈话人员是否真正掌握其违纪违法事实，据此来决定供与不供、供多供少，所以小心谨慎、犹豫不决、

① 参见吴克利：《审讯心理学》（第三版），中国检察出版社 2017 年版，第 314—315 页。

② 参见毕惜茜：《心理突破：审讯中的心理学原理与方法》，中国法制出版社 2017 年版，第 33—34 页。

支支吾吾；还有的不相信办案人员给予的政策，担心讲了以后兑现不了，结果人财两空。这种戒备心理根源于侥幸和畏罪心理，也反映出谈话对象对办案人员的不信任。

5. 悲观心理。悲观心理是谈话对象在谈话中期和后期常见的一种心理状态。通常发生在交代问题后，知晓自己即将面对法律的制裁而被剥夺自由所产生的心灰意冷、自暴自弃的态度。往往表现为沉默不语、消极厌世，也有的情绪失控、行为暴躁。比如某对象讲："我这辈子就这样了，牢底坐穿，妻离子散，活着没什么意思了。"

6. 好面子心理。好面子是谈话中常见的一种心理状态。对于曾为领导干部的谈话对象，自恃过去位高权重，有一定社会影响力，面对"级别不高"的谈话人员，所表现出的傲慢、瞧不起的态度。对于私营企业主，这种好面子心理表现为，道理听得进去，想要政策，但也要"扛"几天。比如，某留置对象态度较好，但一直坚持了三天才交代行贿问题。后据他自己讲，是因为身边朋友都知道其被纪委监委带走了，过早交代，会被外面朋友认为自己不仗义，以后大家都会防着他，出去没法混了。

三、审查调查谈话的几个阶段

实践证明，多数对象到案后都会经历激烈的思想斗争才会彻底交代问题。谈话的过程通常可以分为见面开场、试探摸底、对抗相持、动摇反复和交代问题五个阶段。

（一）见面开场阶段

大家都知道，人的第一印象很重要，谈话人员和谈话对象之间的首场谈话也很重要。见面开场后，一般都会了解对象的个人基本情况、家庭情况、工作履历等，然后明确告知其已经违纪违法甚至涉嫌犯罪，讲明白纪法后果，并提出要求。通过谈话，观察对象的性格特点、情绪反应等，并建立初步的信任关系。需要注意的是，首场谈话中，一般不让谈话对象直接开口讲问题，因为谈话对象往往不会马上彻底交代，而是会讲一半留一半进行试探，不如“憋一憋”，给对象强化一种意识，可以不讲，但是要开口就要讲完。只有彻底交代，才能获得从宽处理。

（二）试探摸底阶段

试探摸底行为常发生在谈话初期。谈话对象到案后，对周围环境不适应，迫切想知道谈话人员对自己违纪违法的证据材料掌握的程度等，以缓解自己的紧张焦虑，制定相对应的防御对策。具体表现为，有的通过多种方式有意无意向谈话人员询问案件相关情况；有的主动向谈话人员索要证据；有的故意作出事先商量好的供述，来试探谈话人员的反应。在这个阶段，谈话人员与谈话对象通过身体动作、语言或者眼神等进行信息交流，互相了解对方的心理活动、个性特点等。

（三）对抗相持阶段

谈话对象通过试探摸底阶段了解情况后，存在较强的侥幸心理，不愿意轻易缴械投降，通过各种方式来应付谈话人员的问讯，试图逃避法律制裁。这一阶段是谈话双方进行心理交锋的激烈阶段，也是对双方智力、情绪和意志力的考验。具体表现为，有的拒供，不如实供述其违法犯罪事实，与谈话人员针锋相对，或肆意顶撞，或沉默不语，认罪态度差；有的谎供，故意作出与事实不相符的供述；有的“顺杆爬”，自己不主动讲问题，但又不愿意失去政策，只是顺着谈话人员来讲，一旦被发现虚假供述，可以推到谈话人员身上。

（四）动摇反复阶段

谈话人员运用正确的谈话策略，使得谈话对象的自我防御体系逐渐崩溃，对谈话人员的抵触情绪开始缓和，逐步交代问题，但存在反复动摇，侥幸、畏罪心理还没有完全被打消，切不可放松警惕，严防出现“供小不供大、供少不供多、供轻不供重”的结果。这一阶段是谈话对象临近“缴械投降”的关键阶段，同时也是其心理矛盾最激烈的阶段。具体表现为，有的担心可能被判重刑，而推翻改变原来所作认罪供述；有的讨价还价，多方为自己辩解，甚至将过错试图推卸给其他人，以求减轻罪责，得到从轻处理。

（五）交代问题阶段

经过前面几个阶段的较量后，谈话对象的防御心理完全崩溃，悔罪心理占据了上风，渴望从宽处理，进而彻底交代问题。在这一阶段，要正确处理好谈话对象的心理诉求，做好稳定工作，防止态度出现反复，重新回到动摇反复阶段。

四、谈话突破之道——攻心为上

古人云："攻心者，晓之以理，动之以情，示之以义，服之以威。"意思就是要通过"理""情""义""威"等多种方式解决思想问题。谈话的目的是让对象交代违纪违法事实，而对于对象而言，一旦交代可能面临牢狱之灾，同时带来财产等损失，所以肯定不会轻易吐口。实践中，大概在以下几种情形下，谈话对象能够交代问题，一是内心醒悟，真正认识错误的时候；二是内心计算利弊得失，认为事情败露，无法继续隐瞒，只有交代对自己有好处的时候；三是内心焦虑、痛苦，交代可以摆脱心理压力的时候。

（一）政策攻心

我们党历来重视政策和策略，把政策和策略作为党的生命。对于纪检监察机关办理的案件，谈话对象多数是党员领导干部，往往具有一定的文化水平和政策理论水平。精准运用政策策略，对于及时突破口供能起到很好的效果。"惩前毖后、治病救人"是我们党对待犯错误同志的一贯方针，也是纪检监察工作的重要原则。谈话中，要和对象讲清楚"惩前毖后、治病救人"的含义，其中"惩治"是手段，"救人"才是目的。党的政策不是把犯了错误的同志一棍子打死，不是要把他推向党的对立面，而是像医生治病一样，目的是为了救人，而不是把人整死。有问题只要好好配合，认识改正错误，都可以获得从宽处理。除了党的政策方针外，还要讲清楚我国的刑事司法政策，比如主动认罪优于被动认罪，早认罪优于晚认罪，彻底认罪优于不彻底认罪，稳定认罪优于不稳定认罪。通过政策宣讲，促使对象尽早主动全面彻底稳定交代自身问题，争取最有利的结果。

（二）纪法攻心

纪律和法律规定是我们执纪执法的依据，谈话中办案人员要和谈话对象讲清楚《纪律处分条例》《公职人员政务处分法》《刑法》等对相关违纪违法犯罪行为是如何规定的，会带来什么样的后果。在职务犯罪案件中，针对谈话对象态度恶劣拒不交代问题的，可以明确告知，法律规定，重证据不轻信口供；没有口供，但其他证据确实、充分的，照样可以认定有罪。针对谈话对象关心自己的刑期问题，要讲清楚除犯罪金额外，态度等情节是影响量刑的关键因素，具有自首、立功、坦白、主动退赃等情节的，依法可以得到从宽处理。此外，还可以从正反两方面列举几个例子，表明积极配合和顽固对抗带来的不同后果，最好是谈话对象认识或知晓的人，以促使谈话对象彻底交代问题。

（三）证据攻心

证据攻心是指谈话人员根据谈话对象的心理变化向其暗示或出示已掌握的违纪违法证据，给谈话对象造成没有口供也可以定案的心理压力，从而促使其尽快交代的方法。谈话中通常采取暗示证据法，让对象知道谈话人员手中有证据，但又不清楚证据的具体内容；明示证据，虽然直接，但容易造成就证据交代问题，无法发挥现有证据更大的威力和作用。实践中，一般可在以下几种情况下直接使用证据：在谈话对象心理动摇时，在合适的时机出示证据，很容易攻破对象的心理防线；在谈话对象出现供述前后矛盾或者不能自圆其说时，可以使用证据打击其企图蒙混过关的侥幸心理；在谈话对象拒绝交代违纪违法事实、胡搅蛮缠、无理取闹时，谈话人员可以使用证据来打击其嚣张气焰。

（四）以情攻心

情感攻心是合理运用亲情、友情等情感感化的方法，帮助对象卸下心理包袱和顾虑，降低防备，增加信任，进而接受谈话人员的心理引导。情感攻心一般在动摇反复阶段使用，过早使用可能适得其反。打情感牌被认为是彻底击垮对象意志，使其如实供述的有效谈话方法之一。谈话过程中，要灵活运用情感攻心方法，可以进行推心置腹谈话获得情感共鸣，可以利用过年、生日等重要时间节点做思想工作，可以让家庭成员之间相互写信，可以帮助谈话对象解决生活或身体健康方面的问题等，最终目的是让谈话对象感受到组织的温暖，感受到谈话人员发自内心是为他好，而不是在害他。

（五）以理攻心

以理攻心是指通过对谈话对象进行批评教育和心理疏导，解决其如实供述中的心理障碍，进而使其逐步交代问题的方法。以理攻心一般是在谈话人员全面了解谈话对象的工作经历、家庭背景、涉案事实等情况后，以一些简单易懂的话语或者为人处世道理来教育引导谈话对象如实供述违纪违法事实。例如，某案件中，涉案赃物在案发前已转移给该领导干部亲戚，该亲戚在接受谈话时不愿交代，此时可以严厉地说："你怎么不动脑子想想，这钱能留吗？为什么找到你不清楚吗？赶紧把这烫手的钱交出去，否则不但钱保不住，还要落个窝赃罪，你觉得值得吗？"再如，有个谈话对象在交代问题后心理压力很大，感觉看不到希望，谈话人员在做思想工作时打了个比方，"你现在就像在郊外刚赶上一场大雨，雨停了你往下看是一路泥泞、举步维艰，而往上看远方却挂起了美丽的彩虹、前途光明"。对象听了非常受用，在后面的谈话中明显变得积极乐观。有时候，浅显易懂的语言胜过空洞的大道理。

（六）以势攻心

势为趋势、力量的意思，以势攻心也是审查调查谈话中常用的方法。势可以分为三种：一是党和国家大势。讲清楚当前惩治腐败的大政策、大环境、大趋势，反腐败无禁区、全覆盖、零容忍，以此重点解决对象的侥幸心理。二是领导之势。比较而言，谈话对象更信任领导，更倾向于在领导面前交代问题、获得从宽政策。所以，要利用好领导之势，打好领导牌，督促对象早日交代问题。比如领导首谈后，每次当对象态度不稳定时我们都会向其强调领导的指示要求，让其对照检查做得如何，是否满足领导给政策的标准。三是个人之势。帮助对象分析当前所处的环境、形势以及是否交代问题面临的不同后果。比如和受贿人讲，其他涉案人已经开口，再不老实交代只能从重处理等。

五、谈话突破之法——因人因时因事施策

每个谈话对象都有自己的特点，其拒绝供述都有自己的顾虑或者担心，没有一种谈话方法是万能、包治百病的。优秀的谈话人员，重要的不是掌握多少策略和方法，而是根据对象的不同特点恰到好处运用；说的话不在多，也不在运用多么华丽的辞藻，而在于能够让对象听得懂、听进去，做到“同频共振”。

（一）找准“气门”，打开“心锁”

谈话突破的关键是，要搞清楚是什么原因导致对象没有交代问题，其心结是什么，是担心法律惩处，还是自认为行为隐蔽不易发现，还要重视谈话对象的需求，其真正想要什么，不想要什么。在职务犯罪案件中，对象的需求大致有以下几种：一是生理和身体的需要，比如日常饮食上能否吃点好的、生病了能否被重视等。二是心理和情感的需要，比如缓解心理压力的需要、自尊心的需要、虚荣心的需要，以及能否得到家人的关心支持等。三是信息需要，比如谈话人员究竟掌握多少证据，家人现在情况如何等。四是人身自由的需要，比如能否早日解除留置，能否少判几年刑。五是财产利益的需要，比如能否保留部分财产，行贿所得会不会被追缴等。不同阶段，对象的首要需求往往是不同的。比如，案件摸底阶段对象可能更关注信息需要，对抗阶段更多是心理需要，动摇阶段更在乎情感

和自由的需要，交代问题阶段更在意刑罚的轻重。所以，要根据具体情况因势利导，找准解决问题的关键。

（二）软硬兼施，虚实结合

《孙子兵法》中有段名言："兵者，诡道也。故能而示之不能，用而示之不用，近而示之远，远而示之近；利而诱之，乱而取之，实而备之，强而避之，怒而挠之，卑而骄之，佚而劳之，亲而离之。攻其无备，出其不意。"这段话主要讲的是，用兵打仗不能僵化，要根据实际情况灵活应变，有针对性地采取最佳策略。我们在谈话中，也要"动脑筋"，只有"隐蔽"自己"迷惑"别人，才能取得最终的胜利。要根据对象实际情况，采取最佳策略，该"硬"的时候有"雷霆之势"，该"软"的时候也能"以柔克刚"。要善于使用一些迷惑性语言，虚则实之，实则虚之，虚实结合，让对象"摸不着头脑"，切忌在谈话中做"实在人"，不假思索地有啥说啥。越是掌握情况不多的，越要表现得胸有成竹；越想要得到的，反而越不能表现出来急切心情。比如，在破解"攻守同盟"时，经常会利用信息不对称优势，促使对象供述问题："纸是包不住火的。你不讲不要紧，反正有人说。组织给的政策这么宽大，你不想要，有人想要。"

（三）压力给足，过了疏导

俗话讲，"人无压力轻飘飘"，适当的压力是促使供述的有效手段。常见的施压方法有：环境压力法（如通过布置桌上的卷宗材料、更换谈话房间等施压）、政策时限法（设定一个期限，在此时间内交代才能给予宽大政策）、强制措施法（如对符合条件的对象采取留置措施）、语言矛盾法（抓住对象前后供述之间的矛盾以及不符合常理的地方进行攻击）、笔录敦促法（将对象的恶劣表现通过笔录固定下来让其签字）、节奏变换法（打破常规的谈话节奏，以时间的不确定性来施压），等等。需要注意的是，施加压力也应当把握好度，“过犹不及”，压力太大时就要及时疏导。常见的疏导方法有客观归因法，比如与受贿人谈话时，多指责行贿人“围猎”，或者指出当时政治生态问题等，以降低对象的罪责感。

（四）阻止否认，稳步推进

谈话中前期，经常会出现谈话对象否认的情况，有的否认存在行为，有的否认行为的性质。不管怎样，谈话人员都应当及时制止，不能任由谈话对象说“不”，因为每一次否定都会强化其内心拒供的心理。谈话人员可以平和地讲，“你再想想，别着急回答”；也可以严厉批评教育，“证据我们已经掌握，你不用作无谓的解释，你现在需要做的是把事情讲清楚，争取一个好结果，否则一切后果自己承担”。具体问话可以由易到难，由浅入深、由表及里、层层递进，先扫清外围障碍，待对象无路可退时，自然会放弃抵抗，缴械投降，切忌在时机不成熟时贸然提出关键问题。

（五）识别谎言，击退侥幸

谈话对象一般不会轻易交代，而是会想尽办法为自己找理由、找借口、找根据，甚至泪流满面、喊冤叫屈、发誓赌咒。此时，谈话人员不能轻易表现出理解、同情和认同。有的谈话人员下意识地点头或者说“嗯嗯”以及作出认可的表情，都是不合适的反应。当对象在试探为自己辩解时，最好阻止其继续说完，并告知隐瞒事实的严重后果。否则，等对象讲完了，往往会向谈话人员讨要否定他辩解的理由。此时谈话人员如果没有充分准备，就会让谈话对象有机可乘，最终导致谈话失败。比如，某一案件行贿人在交代部分事实后不愿意继续供述，其辩解道：“李某某（领导干部）就给我办了那一点事，我又没赚多少钱，您告诉我为何要送那么多钱给他？”这句话既是在辩解，同时也是在试探谈话人员到底知道多少。谈话人员在制止对象的辩解后，需要继续做其思想工作，而不是简单在“有”和“没有”之间和谈话对象作无谓的争论。

（六）化解沉默，避免“冷场”

谈话中的沉默主要分为两种，一种是积极的沉默，对象在思考问题，回忆情景；另一种是消极的沉默，对象在抗拒谈话，拒绝回答问题，或者在考虑应对策略。前者不在讨论范围。当遇到消极沉默时，不能放任不管，实践中有以下两种方式打破僵局：一是“拉家常”，比如对象感兴趣的人、物、事，待对象放松戒备时再转入正题；二是反其道而行之，以退为进，“我们倒希望你最好什么都别说，这样我们更省事，即使没有口供还有别的证据照样可以定你的罪”，也可以讲“沉默就代表默认，不讲说明心虚”，以此刺激其开口说话。

（七）正面受阻，迂回前进

谈话中，有时采取正面进攻无法取得实际进展，可以考虑换条路走走看。比如，在与领导干部李某谈话时，其对收受私营企业主张某某财物的事实一直咬得比较死，反复做思想工作仍拒不承认。此时，不宜和他继续纠缠“钱”，而要聚焦二人之间“事”上的交往，包括李某担任国土局局长期间，为张某某公司审批了多个地块的问题，待其承认为张某某谋取大量利益时，再回过头谈收受财物的问题。

六、谈话突破之术——全流程管理

（一）充分准备，知己知彼

谈话的现场，是没有硝烟的战场。两军对垒，知己知彼，方能百战不殆；否则，仓促上阵，很可能一败涂地。在正式“开战”之前，要充分了解“对手”的情况，比如对象的家庭背景、成长履历、性格特征、行为方式等情况，深入分析案情，并制定谈话方案。作为主谈人，要多问自己几个问题：对象最想要什么，最害怕失去什么，最容易交代什么，最不愿意交代什么，哪些内容对其最有震慑力，哪些内容最能感化等，做到心中有数、胸有成竹。还有一个因素不能忽略，就是尽可能了解当地的政治生态，这是判断谈话对象行为的大背景。比如，我们了解到某个地区老板出手大方，一般婚丧嫁娶等重要活动至少给厅级干部10万元人民币，少了拿不出手。知道这个“行情”后，谈话时就有一个基本参照。

（二）分工明确，形成合力

谈话人员的选择是否得当，对于谈话结果起决定性作用。一组谈话人员通常二人，一主一辅，一人主谈一人记录，有时也一人唱白脸（主“打”），一人唱红脸（主“拉”），整个谈话进程由主谈掌控，辅谈起到配合补充作用。二人的默契配合是谈话成功的重要条件。需要注意以下几个问题：一是辅谈虽然是配角，但是作用重要，应该在做好记录的同时，密切关注对象的神态表情、言行举止等，为主谈提供有力支持。实践中，有的认为谈话跟自己没关系，甚至打盹、低头干别的等，严重影响谈话效果。二是在有角色分工时，“打”要打之有据，抓住弱点猛攻，“拉”要站在对象立场，表达同情和理解，给其出路。二者之间形成的“落差”会促使对象向“红脸”一方靠拢。三是当谈话进展不顺时可以更换谈话人员，但不能太频繁，以免强化对象的抗拒心理，认为“这两个谈话人员审不了我，换人来我也不会交代的”。实在需要，可先换一人完成过渡后再换另一人。

（三）沉着冷静，保持定力

谈话人员的行为和情绪都会对谈话对象产生影响，聪明的对象往往通过谈话人员的言语和表情判断谈话人员手里有多少“货”，据此决定是否交代以及交代多少问题。一名成熟的谈话人员要不急不躁，不喜不忧，沉着冷静。实践中，有的谈话人员在对象开始交代问题时，沉不住气，马上喜形于色，自我满足，结果让对象从表情神态上判断出办案人员原来不掌握情况，立即收口不愿意再继续讲。正确做法是，不表露情绪、不追问细节、不做记录，让对象摸不着底，一直讲下去。此外，谈话中要注意信息交换的效益问题，控制好“输出”的信息量，“点到为止”，以少取多。尤其是案件核心内容，如果完全不讲，对象会认为谈话人员什么都不知情，只是“想诈他”，不会轻易开口讲问题；而如果讲多了，就会让对象“摸着底”，就不会主动讲其他内容了。优秀的谈话人员，往往能在没有证据的情况下，向对象要证据，或者在证据少的情况下，在对象身上扩大发展证据。

（四）文明谈话，尊重人格

谈话的过程，是心理较量的过程，也是情感交流的过程。心理的接受和情感上的信任，是交代的前提和基础，谈话对象都倾向于向自己信任的人交代问题。谈话人作为优势地位的一方，应该保持公道正派、实事求是、坚持原则的良好形象，充分尊重谈话对象的人格，真正帮助关心他们。如果谈话人员不注重谈话方式方法，在谈话中大量使用谈话对象不愿意听到的“忌讳语”，比如直呼姓名，或者使用“贪污”“受贿”“犯罪”等敏感词汇，很可能就会激发对立情绪；再比如，随意贬低对象人格，挖苦讽刺对象缺点，不尊重对象隐私，也会造成对象抵触逆反，不愿意交代问题。如某案件中留置了一名行贿人，经过体检得知其曾患有传染性疾病，虽已治疗康复，但谈话人员总有意无意提起此事，并流露出嫌弃的表情，看护人员也总保持距离，造成谈话对象自尊心受损，长时间拒供。

（五）依法依规，确保安全

谈话时，严禁使用暴力、威胁、引诱、欺骗及其他非法方式收集证据，严禁侮辱、打骂、体罚或者变相体罚谈话对象，严禁对审查调查对象和涉案人员作出不符合法律、纪律规定的承诺。坚守安全底线，无论是羁押式谈话，还是走读式谈话，安全都是第一位的。走读式谈话前要尽可能了解对象的身体健康状况、有何身体疾病以及用药情况；谈话过程中，要时刻关注谈话对象的身体和精神状况，有严重身体不适的及时送医治疗，同时要防止出现自杀、自残等过激行为；谈话结束后，要做好思想安抚工作，必要时可以电话等方式回访。

（六）坚定信心，保持耐心

谈话犹如打仗，有时可以速战速决，有时也会打成持久战，切忌急于求成、自乱阵脚。就职务犯罪案件而言，多数经过短期较量可以取得突破，但也有的案件对抗相持阶段会较长，持续多周，甚至几个月，此时谈话不仅是智慧和勇气的较量，还是双方韧性和耐力的比拼，要有“不达目的不罢休”的精神，相信事情发展存在一个由量变到质变的过程，持之以恒，坚持不懈。实践中，有的谈话人员缺乏顽强的斗志，坚持一两个回合就匆忙收兵，败下阵来，有的甚至被谈话对象洗脑，轻易相信谈话对象的辩解，误认为自己调查方向存在问题。

（七）积累经验，提升能力

谈话能力的提高不是几日、几个月、几个案件之功，而是需要大量知识和经验的积累，通过与不同对象谈话，解决不同问题，逐步形成一套行之有效的谈话方法。作为初学者，应当在实践中“摸爬滚打”，首先要“敢讲”，然后是“会讲”；要加强各方面各领域知识的储备，以应对不同对象的特点；要善于从谈话对象身上学习，其实每一个对象都是一本书，其都有自己擅长的领域、生活感悟等。坚持下去，我们的人生阅历、知识储备都会有明显的提升。

第二节　笔录制作的常见问题

言词证据的收集主要体现在笔录的制作中。而笔录是纪检监察工作中最熟悉、最常用的方法，不论是日常监督检查还是审查调查，都离不开笔录。可以说，会做笔录，是纪检监察干部必须练好的基本功。一份好的笔录，读起来就像在“讲故事”，语言通顺流畅，重点突出，情境感强；不好的笔录，读起来就像“流水账”，索然无味，甚至晦涩难懂，不知所云。本节重点介绍笔录制作中常见的形式问题和内容问题。

一、形式问题

（一）笔录模板的使用问题

模板不仅是一种文书，其代表的是审查调查措施，实践中，不正确使用笔录模板的情形并不少见。审查调查中，一般既有违纪问题，又有职务违法、职务犯罪问题，主要有三种笔录模板可供使用。

1. 谈话笔录，又可以分为 3 类，包括纪委单头、监委单头，以及纪委监委双头，根据执纪执法情况选择使用。

2. 讯问笔录。根据规定，适用于“涉嫌职务犯罪的被调查人”。调查过程中，在某一具体犯罪事实取得突破后，应当及时制作讯问笔录，客观反映被调查人态度转变的过程；调查工作结束前，要集中制作综合性讯问笔录，全面系统反映被调查人全部犯罪问题以及态度和认识等情况；对于被调查人存在自首、立功等法定情节的，也应当及时制作讯问笔录，以固定量刑方面证据。讯问笔录与谈话笔录的主要区别：一是案件性质属于违纪、职务违法还是职务犯罪；二是讯问笔录要求必须在立案以后使用，而谈话笔录没有该要求。(见附 1)

3. 询问笔录。适用于一般证人，在各个阶段均可以使用。询问笔录与讯问笔录，多数情形下容易区分，但是对于特定关系人和行贿人使用何种笔录则需要具体情况具体分析，主要看立案机关是谁。如果在对主要对象立案的同时，本级监察机关也对特定关系人和行贿人立案，则应使用讯问笔录；如果在对主要对象立案的同时，将特定关系人和行贿人交由下级机关立案的，则应使用询问笔录。(见附 2)

附1：讯问笔录模板样式

×××监察委员会

讯 问 笔 录

讯问时间：＿＿＿＿年＿＿月＿＿日＿＿时＿＿分至＿＿日＿＿时＿＿分

讯问地点：××（地点）××号楼××室（房间）

讯问人：＿＿＿＿＿＿＿＿ 记录人：＿＿＿＿＿＿＿＿

被讯问人姓名：＿＿＿＿＿＿ 性别：＿＿＿＿＿ 年龄：＿＿＿＿＿

工作单位、职务（职级）：＿＿＿＿＿＿＿＿＿＿

政治面貌：＿＿＿＿＿＿＿＿＿＿

是否党代表、人大代表、政协委员：＿＿＿＿＿＿

住址：＿＿＿＿＿＿＿＿＿＿

联系方式：＿＿＿＿＿＿＿＿＿＿

问：（出示工作证件）我们是××纪委监委的调查人员，现依法对你进行讯问。你应当如实回答我们的提问，如实供述自己罪行和认罪认罚可以从宽处罚。下面依照法律法规我们向你出示《被调查人权利义务告知书》，同时本次讯问过程实行全程同步录音录像。以上告知事项你清楚了吗？

答：清楚了。

问：是否有需要工作人员回避情况？（如果有，须问具体理由）

答：

问：说一下你的基本情况。

答：

问：说一下你的工作简历？

答：

问：说一下你的家庭成员情况？

答：

问：你有无违法犯罪行为？

答：（供述违法犯罪的情节或者无罪的辩解）

问：（讯问基本内容）

答：

问：本次讯问中，有无虐待体罚、威胁、引诱、欺骗或者其他非法情形？

答：

问：你还有什么要补充的吗？

答：

问：你以上所讲是否属实？

答：

问：你看一下笔录，和你说的是否一致？如果记载有遗漏或者差错，可以提出补充或者改正。如无误请签名确认。

答：

〔被讯问人亲笔书写“以上笔录共×页，我已看过（或者向我宣读过），和我说的相符”，并逐页签名、捺指印。〕

讯问人：（签名）　　　　记录人：（签名）

年　月　日

附 2：询问笔录模板样式

×××监察委员会

询　问　笔　录

询问时间：______年____月____日____时____分至____日____时____分

询问地点：××市纪委监委廉政教育中心 C04 谈话室

询问人：王某某　李某某　　　　记录人：李某某

被询问人姓名：刘某某　性别：男　年龄：48

工作单位、职务（职级）：××市×××公司法定代表人

政治面貌：群众

是否党代表、人大代表、政协委员：否

住址：

联系方式：

问：（出示工作证件）我们是××纪委监委的调查人员，现依法对你询问，你应如实回答我们的提问，故意作伪证或者隐匿证据要负相应的法律责任，以上告知事项你清楚了吗？

答：我清楚了。

问：根据法律规定，你有权申请调查人员回避，你是否申请？

答：我不申请回避。

问：根据相关规定，今天我们在××市纪委监委廉政教育中心对你进行询问，你有无异议？（对于未被采取留置或者刑事强制措施的对象使用）

答：没有异议。

问：你的身体状况如何，能否接受询问？

答：我现在身体、精神状况良好，可以接受询问。

问：本次询问将同步录音录像，你有无异议？（根据实际情况增减）

答：没有异议。

问：你是否是党代表、人大代表或政协委员？

答：都不是。

问：你是否受过刑事、行政处罚？
答：没有。
问：讲一下你的个人基本情况？
答：（姓名、曾用名、性别、出生年月日、身份证件种类及号码、民族、籍贯、文化程度，有无党派，是否党代表、人大代表或者政协委员，工作单位、职务级别或者职业，住址，有无犯罪记录等。）
问：讲一下你的家庭成员情况？
答：
问：讲一下你的工作简历？
答：
问：你是否认识××（国家工作人员）？
答：
问：关于你与××之间，是否有需要向监察机关主动说明的问题？
答：

问：你对上述行为有什么认识？
答：
问：你还有什么要补充的吗？
答：没有。
问：本次询问中，有无虐待体罚、威胁、引诱、欺骗或者其他非法情形？
答：没有。
问：你以上所讲是否属实？
答：属实。
问：你看一下笔录，和你说的是否相符？如果记载有遗漏或者差错，可以提出补充或者改正。如无误请签字确认。
答：好的。

（以上笔录共×页，我已看过，和我说的相符。签名、注明日期）

询问人：（签名） 记录人：（签名）

年 月 日

（二）具体形式问题

笔录是执纪执法的文书，结构上包括首部、正文和尾部三部分。首部是笔录的开头部分，主要包括笔录名称、谈话（讯问、询问）对象和审查调查人员的基本情况。正文是笔录的主体，采取一问一答的记录方式，按照记录内容的不同，又分为告知事项、被谈话（讯问、询问）人的基本情况、有关问题或事实、结尾四个部分。尾部主要包括两部分：被谈话人签写核实笔录情况，并签名、注明日期；审查调查人员签名、注明日期。

1. 首部问题

（1）时间。主要是笔录时间过长的问题。根据规定，未采取留置措施的，单次谈话不得超过十小时（必要的饮食和休息时间除外），不得以连续谈话的方式变相留置。已采取留置措施的，单次谈话不得超过六小时。另外，还有笔录时间过短的问题，在谈话时间内无法记录那么长的内容，比如有的谈话时长不到半小时，笔录却有十多页。

（2）地点。主要是地点不具体的问题，比如只写某某党纪教育基地或者某某单位，没有具体到第几谈话室或者房间号。

（3）政治身份。“中共党员、民主党派、群众”要写清楚，不能空白；是否党代表、人大代表、政协委员，写本届身份即可，没有就写“否”。有的写成“都不是”，感觉像正文的答语，就不妥当了。

2. 正文问题

（1）开头表述不完整。讯问笔录，开头表述包括出示工作证件，告知如实供述可以依法从宽处理、讯问活动实行录音录像以及有权申请回避等。询问笔录，包括出示工作证件、告知故意作伪证或者隐匿证据要负相应的法律责任、询问活动实行录音录像以及有权申请回避等。首次讯问和询问，还要出示《权利义务告知书》。

（2）正文内容逻辑不清。逻辑是一种说明顺序，也是思维规律。笔录的逻辑性强，读起来就顺畅。内容逻辑不清，主要表现为：有的没有主线，想到什么说什么；有的多问一答；有的连续多页不分段；还有的段落除结尾外全是逗号，一逗到底。

（3）结尾总结性问话不完整。笔录结尾一般包括有无非法取证情形、有无需要补充、以上所讲是否属实以及是否需要对笔录补充或者改正等。

3. 尾部问题

笔录尾部是笔录三部分中最简单，但又是存在问题较多的部分。其主体内容就是被审查调查人核实笔录后签写一句话，“以上笔录共×页，我已看过，和我说的相符”。这句话与公安、司法机关的写法不完全相同，但却是相关规定明确要求的，必须严格规范使用。实践中，发现不少不规范的写法。比如，有的把“和我说的相符”，写成“和我说的一样”“和我说的基本相符”，还有的写成“和你说的相符”“和我说的相否”等。若当事人在法庭上翻供，该份证据的效力会大打折扣。所以，在谈话对象签写完成后，办案人员要核实其签写是否规范、有无错别字等，若发现问题要及时更正。

此外，还有审查调查人员签名的问题。实践中，要避免出现以下情况：一是忘记签名，审查调查人员应当在谈话对象签署完笔录后及时签名，且字迹要清晰可辨；二是代签名，笔录上两名审查调查人员签名的笔迹相同；三是多签名，同一审查调查人员在同一时间段与不同对象谈话，可能会影响笔录的效力。

二、内容问题

笔录内容的问题，主要体现为“六不”，包括笔录的不规范、不得体、不合理、不全面、不周延、不干净。

（一）不规范

1. 没有使用纪言纪语、法言法语或者约定俗成的表述。比如，口语中很多人直接称“法定代表人”为“法人”，但笔录中不能这样记载。再如，被调查人、犯罪嫌疑人、被告人和犯人有区别，不能混用。

2. 口语化的问题。笔录属于公文的一种，应尽量使用书面语，尤其是问话不能过于随意。

3. 表述有歧义的问题。比如，“问：你讲一下与张三的不正当关系”，不正当关系是指男女关系还是经济关系不明确。

4. 捺指印的问题。实践中，不同地域不同办案人捺指印的要求各不相同，有的捺得多，有的捺得少，主要涉及以下几个地方：签名处、修改处、补充内容处、日期、页码、正文文字处、尾部对象签写的话等，有的地方还要求按骑缝指印。根据相关规定，签名和修改、补充处应当捺指印，其他处根据需要进行，但也不宜太多，且在一起案件中捺指印的标准应当保持一致。

5. 笔录之间大量复制、粘贴，内容高度一致。有的笔录连标点符号都完全相同，影响笔录的真实性。

（二）不得体

1. 不符合谈话对象的身份特征。简单讲，就是“什么人说什么话”。比如，一个文化程度较低的私营企业主很难说出专业的法律语言，“我主动交代曾利用××职权或者地位形成的便利条件，在项目审批、职务晋升等方面谋取了不正当利益”。这样的表述就不符合谈话对象的身份特征。

2. 不符合谈话对象的语言习惯。这一点在异地办案中体现得比较明显。由于办案人员与谈话对象不是一个地方的人，而笔录往往由谈话人员根据自己的表述习惯形成，容易让人对内容真实性产生怀疑。比如，办案同志来自东北，而谈话对象来自南方，笔录就要符合南方人的语言习惯，而不能有浓重的东北口音。

3. 不符合谈话对象的供述心理。同样一个意思采用不同的表达方式，对象的接受程度是不一样的。实践中发现，有的谈话对象态度挺好，但看笔录时对有些语句意见很大，很反感，甚至拒签笔录，出现这种情形很多时候是因为记录的同志根据自己的理解强行“加戏”，有些语言写得太“硬”。比如，一份受贿笔录是这样记录的，“我之所以同意把某某项目给了张三公司，完全因为张三给我送了钱”。对象看了以后坚持说，张三公司本身就很优秀，各项指标名列前茅，其这么做也是出于公心，强烈要求谈话人员修改笔录，而谈话人员坚持不改，认为对象态度不好，双方僵持不下。其实这种情况下，谈话对象的解释具有一定合理性，且按照其原意修改并不会影响证明效力。

（三）不合理

1. 受贿时间的表述不合理。主要是很多年前收受财物的情节，不符合记忆规律。比如，笔录中直接表述为 1998 年 9 月，在什么地方收受某人 10 万元，这就缺少合理性说明。笔录中可以解释一下，之所以记忆得清楚是因为当时有重要事情发生，如首次担任领导职务、结婚周年纪念日、第一次出国前等。

2. 受贿地点的表述不合理。比如，一个案件中领导干部主要在家和单位收钱，只有一次是在高铁站附近的马路边，而笔录中缺少合理性说明。真实情况是当时该领导干部着急出差，所以临时约在高铁站附近，该事由应当表述清楚。

3. 受贿金额的表述不合理。比如，感情投资型受贿，行贿人每年春节前给领导干部送钱，一次 10 万元。突然有一年只送了 5 万元，而该领导刚刚升职，不合乎常理，笔录里却没有说清楚。后来追问才知道，是因为该领导任职后不在当地工作了，所谓“县官不如现管”，所以送的钱就少了。

4. 贿款来源的表述不合理。比如，领导干部单笔收受下属50万元现金，下属讲这50万元是自己的合法收入。经查，其年收入共有10余万元，一次性拿出这么多钱，缺少合理性说明。笔录中行贿人应当解释清楚，比如妻子做生意，用的是家庭合法收入。

类似上述不合理的情形还有很多，这些“反常之处”需要重点注意，谈话时对不合理的地方要及时追问，且要简明扼要记录在笔录中。

（四）不全面

1. 被审查调查人的辩解没有如实记录。有的对被审查调查人的辩解不重视，既不核实也不回应，直接认定辩解不成立，在笔录中也没有体现，这样会造成录音录像与笔录内容有实质性差别，一旦其在审查起诉或法院审理阶段又提出辩解甚至翻供，就会带来很大被动。

2. 受贿地点、贿赂物品特征等不够明确。有的行受贿笔录中，关于收送钱的地点简单写为“在家里”，后来查明领导干部在当地有多个住处，此时应当详细记录，写清楚是哪个住址；还有的当事人交代的地点与书证存在出入，比如单位安排的周转房，当事人口语称谓和有关单位提供的证明不尽相同，需要核实清楚。关于贿赂物的特征，既包括贿赂物本身的特征，比如现金的币种、面额，是否成沓、成捆，也包括外包装的特征，比如装在一个黄色牛皮纸信封或者黑色塑料袋里等。

需要注意的是，案件办理中，应当掌握一些关于财物的常识。比如，常见外币最大面值，一个旅行箱能装下多少人民币，等等。当现金数量多的情况下还应考虑重量的问题，如100万元人民币（百元面值）净重近11.5千克，在取证中要注意携带情节的合理性。

3. 职务职权表述不够具体。比如，某市副市长兼市公安局党委书记、局长，收受多名下属财物，并为相关人员职务提拔提供帮助。在制作笔录时，办案人员针对不同情况均简单表述为“××利用担任公安局局长的职务便利，帮助×××提拔职务”，没有区分利用哪个职务的便利，也没有对职务行为的具体内容进行表述。由于干部管理权限的不同，市公安局内部科级干部的提拔和处级干部提拔任用程序是不同的，科级干部属于公安局党委管理的干部，而处级干部属于市管干部。对于前者，领导干部的职务行为体现在其作为公安局党委书记、局长，主持召开党委会研究通过有关人事任命，注意表述职务时不能仅仅表述公安局局长；对于后者，领导干部的职务行为体现在其作为公安局“一把手”，有向市委组织部推荐公安系统处级干部人选的权力。制作笔录时，要把职务行为“落下来”，不能大而化之。

4. 不正当利益的证据不够充分。根据法律规定，认定受贿（斡旋）、利用影响力受贿和行贿犯罪等，都要求谋取不正当利益，所以相关笔录都要体现出利益的不正当性，包括实体的不正当、程序的不正当以及在经济、组织人事管理等活动中谋取竞争优势。比如，请托承揽某工程项目，要证明招投标是否符合相关规定，是否存在本应招标而未招标、本应公开招标而采取邀请招标的情形，招标条件设置是否存在倾向性或排斥潜在投标人的内容，以及是否存在串通投标、围标等违法违规行为；请托办理银行贷款业务，则要证明是否符合贷款条件、贷款发放比例是否符合行业规范等。

（五）不周延

一份完整的笔录，要做到“正向记，反向堵”，其中“反向堵”就是对可能存在争议、辩解的地方要问到位。而不周延的问题，简单讲就是“该有的没有”，没有堵住漏洞。例如，在记录受贿事实后，一般会追问“你及家人与×××（行贿人）之间有无投资、借贷、合伙经营等经济交往”？待谈话对象对上述问题均作否定回答时，才基本把收受财物这一事实抠牢堵死。

为便于理解“不周延”的问题，举一个案例来说明如何“堵住漏洞”。基本案情：李某甲给相关领导干部打招呼，帮助其子李某乙所在的房地产公司承揽工程，后李某乙在该房地产公司收受好处。行受贿双方笔录正文除了记录行受贿过程外，很重要的一点是要排除可能会产生辩解的地方。例如，“收受的好处是不是股东分红（李某乙是公司名义股东）”；“收受的好处是不是劳动所得（李某乙除为公司股东外，还有监事职务）”；“收受的好处是不是借款（书证显示李某乙从公司多次以借款的名义取钱）”。这些“漏洞”都堵住后，笔录制作才算做到周延。

（六）不干净

内容不干净，简单讲就是“不该有的有”。这也是很典型的问题之一，主要是笔录中有与违纪违法事实无关的内容，谈话对象说什么就记什么，没有取舍。下面举例说明“内容不干净”的问题。

问：你（行贿人）详细讲一下送给张××局长手表的过程？

答：2018 年 10 月的一天上午，具体时间记不清了，我从 A 地准备到 B 地去办事，在出发前，我先给张局长打了个电话，问他有没有时间，我想去办公室看看他。张局长说可以。然后我一个人开着我父亲的奥迪 A8 车带着手表来到 B 地，我是上午 8 点 20 分左右从 A 地出发的，一路上还下着小雨，到达 B 地后我直接去张局长单位，这个时候大概是上午 10 点 30 分。到了他单位门口后，我给张局长打电话说我到了，他说知道了。然后门卫就让我进去了。到了办公楼 1 楼大厅后，有一个年轻女人接待我，指引着把我送进了电梯并帮我摁了电梯键，我一个人坐电梯到了张局长所在的 6 楼。我下电梯后，已经有一个 30 多岁的男性工作人员在电梯口处等我了，并问我是不是找张局长的。我说是的。然后这名工作人员就把我领到了张局长办公室门口，并且用他胸前挂着的一个卡片在门锁上划了一下才打开张局长办公室的门。当时里面只有张局长一个人，我进去后没坐下，张局长说我们到对面的接待室吧。然后我就跟着张局长到了他办公室斜对门的接待室去了，服务员给我沏了茶就关上门出去了。接待室里摆放有七八个乳白色布艺沙发，在沙发前面、沙发与沙发之间均摆放有红棕色茶几，地面上铺的地毯，地毯颜色记不清了。当时在接待室就我和张局长两个人，我对张局长说，我带了一个小礼品，是我的一点心意。然后我就将一个黑色塑料袋放在了接待室的沙发上。张局长没说啥就收下了。我在那坐了有半小时左右，和张局长聊了聊天就走了。

以上笔录片段突出的问题是记流水账，主次不分、重点不明，且无关内容太多。作为一份行贿笔录，最重要的是收送财物的情节，而该笔录用大量篇幅描述了收送之前的过程。

第三节 笔录制作的技巧与方法

做笔录容易，做好笔录难。掌握笔录制作的一些基本的技巧和方法，可以有效提高笔录制作的水平，但从根本而言，需要知识的积累和专业能力的提高。

一、笔录制作的常用技巧

（一）问话规范精练

对谈话人员而言，问话技巧是办案水平的重要体现。有经验的谈话人员有整体观点和逻辑思维，问话环环相扣；不成熟的谈话人员则是想到什么问什么，缺乏条理。

1. 少问多答。问话要精练，指向明确；答语要详细，重点突出。审查证据中发现，有的提问特别长，答语却很短，比例严重失衡。有的对象谈话就像挤牙膏似的，问一句说一句，“后来呢”“然后呢”……如实记录显得特别零碎，此时可只问不记，将答语合并在一起。

2. 少用长句，多用短句。短句的优点是能够让谈话对象准确、快速理解谈话人员的问题，同时还能使其在心理上产生一定的威慑和紧张。

3. 禁止采取威胁、引诱、欺骗等非法方法。如：“领导对你很关心，你抓紧交代，说了马上放你回家。”又如谎称对象家中老人病危，交代问题即可放其回家见一面。

4. 避免采用指供、诱供等不规范方法。指供，是指谈话人员将自己掌握的案件信息透露或者暗示给谈话对象，并要求对方按照该信息作出相应的供述。比如：“张三已经交代了送给你 50 万元，请你把事情也讲清楚。”诱供，一般是指问话中预设了答案。比如问：“你是不是收了张三 50 万元?”这些都属于不规范的问话方法，很大程度上会影响供述的真实性，应尽量避免使用。

5. 关键之处及时追问。比如，行受贿时双方通常不会说得太直白，而是使用隐晦词句，或者采取隐蔽手段，常见的如以借为名、挂名领薪、表示过节心意等，此时在描述事实后就要追问真实意图，以体现其主观故意。

（二）答语准确详尽

笔录的内容应忠于原话，但不是简单复制，不是录入所有原话，而是在尊重原意的基础上进行归纳提炼。同时，也要讲究一些技巧和方法。

1. 方言土语与规范语言（书面语）。原则上，记录时应在保持原意的前提下转换为书面语。但涉及案件的关键情节，为了保持原汁原味，增强案件的真实性和可信度，有时也会保留一些方言土语。比如辽宁人称配偶为“家里的”，天津人常将配偶称为“娘们儿”，甘肃、宁夏一带称为“婆姨”，湖南一带称为“堂客”，福州称呼“老妈”。如果谈话对象讲“将收到的钱交给了我堂客”，这时就可以保留这个词，但是需要解释说明。有两种方法：一是括号注明，比如堂客（妻子）。另一种方法是追问，比如补问：“堂客是什么意思?”答：“堂客在我们方言中指妻子。”

2. 模糊语言与精确语言。笔录是证据，所以原则上笔录内容应尽量具体、准确，但有时谈话对象确实记不清细节了，可暂用模糊语言记录，待查明后再予以细化。比如，“2001年左右，北京西二环附近，收受50多万元，具体记不清了，以组织查证为准”。要注意，有些语言不能含糊，比如谈话对象交代，“我从××处拿（弄）了10万元”。“拿（弄）”是“借”还是“收”不明确。另外，要避免出现“好像”“可能”“也许”等字样，那样笔录的价值会大打折扣。

3. 直接引用与间接引用。答语中经常会出现人物对话的情形，这时就涉及如何记录的问题。记录对话的方法主要有两种：

一种是直接引用，即记录原话，使用第一人称，要注意加上冒号引号，比如答：当时我（受贿人）对他（行贿人）说：“东西留下吧，你托我的事明天就给你办。”他说：“谢谢领导，拜托您了。”

另一种是间接引用，只记录对话的大意，使用第三人称，不加冒号引号，比如答：当时我对他说，东西留下，明天就给他办。他对我表示了感谢。

实践中，两种方法都可以，但要注意在一个对话中不要混用，该有引号时一定要有，避免出现“你我他”指代不明的问题。

（三）人员记录得当

人，是事实表述的首要要素，要高度重视，取证到位。案件中涉及的人员，除当事人外，还有两大类：一类是一般证人，另一类是特定关系人。有的同志对谈话中出现的人员很不敏感，具体表现为两种情形，一种是“该记的不记”，不周延的问题。例如：主要对象笔录中没出现特定关系人，而证据材料中却有特定关系人的证言证明其当时在场的情形。另外一种是“不该记的都记”，不干净的问题，造成的后果是审理或公诉人员提出要核实取证，增加了很多不必要的工作量。

1. 一般证人。严格意义上讲，对被谈话（讯问、询问）人关于某些重要场景和关键环节的陈述中出现的人员均应取证。但是，从取证的必要性和经济性等考虑，对于一些不重要的证人或旁证，可以不在笔录中出现。比如，中管干部案件涉嫌受贿事实的谋利事项，通常涉及环节和人员较多，因而不要求对所有环节和人员都取证，一般掌握一级证人（直接打招呼人）、具体经办人等，能够直接证明打招呼环节以及办理过程和结果即可。

2. 特定关系人。近亲属等特定关系人参与受贿的，关键要记明有无受贿的共谋，如代为转达请托事项、收受财物后告知被审查调查人及被审查调查人的态度，是否共同占有违法所得，或者事先约定由被审查调查人负责“办事”、特定关系人负责收受财物等。

（四）款物记录全面

笔录制作中，款物记录十分重要，要做到全面准确。实践中，常见的涉案款物主要有以下几类。(见下表)

种　类	物　品
现金类	人民币、美元、港币、欧元、英镑等
贵重物品类	金条、珠宝、玉石、字画、手表等
特殊物品类	象牙、犀牛角、虎皮等限制或禁止流通物品
固定资产类	房产、汽车等
金融票证类	银行卡、存折、购物卡，以及承兑汇票、支票等
其他财产性利益	拟上市公司原始股，代为支付房屋装修、旅游等相关费用，债务免除等

1. 收送财物的特征，要表述具体、规范。特征既包括财物本身的特征，也包括外在包装物的特征，比如，“一共收受20万元，均是百元面值的人民币，1万元一沓、10万元一捆，共

2 捆，装在一个黑色塑料袋中”。需要注意的是，财物特征描述要准确，必要时进行一定核实。比如，行贿人交代“取了 50 万元现金，装在一个某某品牌的茶叶盒里，送给领导了”。后查明，该品牌茶叶没有那么大的盒子能装下 50 万元现金。

2. 退还赃款赃物的情形，要记录准确、全面。包括退赃人员、时间、地点、退还原因（如有关人员被查处、所在地区被巡视等）、过程以及退赃币种、金额、来源等，都要准确、全面记录。

二、笔录制作的晋级之法

（一）搭框架——解决记录重点的问题

1. 定性构成要件。笔录内容应重点体现构成要件的各个方面。在具体表述上，应满足“七何”要素：何人（当事人、知情人等）、何时（尽量精准）、何地（尽量具体）、何事（行受贿、贪污等）、何过程（围绕核心要件，详略得当）、何原因（动机、目的等）、何结果（是否帮忙办事，钱收没收）。

以受贿犯罪为例，客观方面包括收受财物事实和谋取利益事实两个部分。其中，谋利事项的重点是向谁打招呼、如何打招呼、结果怎样；收受财物事项的重点是行受贿的过程，包括时间、地点如何确定，行贿人拿了什么、怎么讲的，受贿人的态度、是否收受等。

主观方面，重点是犯罪的动机、目的、因果关系等。其中，动机是行为的起因，目的是行为所追求的结果。同样是受贿行为，不同人目的相同，动机可能不同，如有的是因为生活所迫，有的纯粹是为了满足虚荣心等。笔录制作中，不仅要如实记录客观过程，也要记录行为人的心理活动。比如，某领导干部交代，其在收受财物方面是有选择的，给自己定下两条规矩“不熟悉者不收，不成事者不收”，这就是受贿犯意的很好体现。在共同犯罪中，主观方面重点是共谋的问题。例如，某领导干部的儿子一直想利用其父担任某市市委书记的职务便利，在辖区内承揽工程，起初其父不同意，后来拗不过同意了。二人约法三章：第一，儿子不能直接出面，需要找个信任的人作为代理人；第二，为了安全考虑，收钱只收现金；第三，保障工程质量，不要惹麻烦。这约法三章，包含了二人对行为分工、收受财物的方式、行为性质等的认识，是受贿主观故意的最好体现。

受贿犯罪中的因果关系主要包括两种：（1）请托谋利事项与收受财物间的因果关系。如果单笔收受财物能够和某个谋利事项对应上，在对应的同时，与其他谋利事项一并关联；不能一一对应的，则将其关联性概括表述。（2）打招呼与办事之间的因果关系（主要针对谋利环节的证人）。很多情况下，受贿人办事都需要通过第三人，这个时候第三人的职务行为与受贿人的打招呼行为之间要有因果关系，并且这种因果关系是由职务或职权建立起来的，而不能是亲情、友情、乡情等因素。当然这种关联可以不唯一，并且不排除职权以外的其他因素。

2. 量刑量纪情节。笔录中，不仅要把涉及定性的事实描述清楚，也要将有关量刑量纪情节描述清楚，如坦白、自首、立功、未遂以及索贿、累犯等。

关于行为人认罪悔罪态度、主动上交款物等情况的描述，一般放在事实表述后。例如，受贿人交代：“接受调查以来，我对我所犯的错误进行了深刻反思。作为党的领导干部，我不仅违反党纪国法，而且已经构成严重的受贿犯罪。究其原因，就是我没有抑制住自己内心的贪欲，迷失在巨大的物质利益诱惑之中。我现在追悔莫及，愿意主动上交有关赃款赃物，也愿意接受法律的任何惩处。”

关于未遂、索贿、累犯等情节，笔录中应表述清楚。比如，有没有实际占有、控制财物，贿赂是受贿人主动索要还是被动接受（是否违背请托人意愿），被审查调查前有没有违纪违法前科等。自首、立功的笔录一般应单独制作。

3. 其他。笔录中，办案人员对被审查调查人进行谈心、教育、讲解法律政策的，应当在笔录中概括记录，既反映客观行为，又能体现对象转变的过程。

（二）记细节——解决真实可信性的问题

1. 通过“讲故事”的方式描述客观行为，体现情境感。制作笔录，要避免流水账似的记录“某个时间、某个地点、送了多少钱”，而应通过关键情节的描述，使得事实情景化，读起来有真实感。

例 1——认识过程：“我与张某（受贿人）是某某学院的校友，他当时是某市副市长，分管国土、建设等部门，周边围的老板很多，我一直没有机会深入接触。2017 年左右，我们校友会举行慈善拍卖会，拍卖品都是校友免费捐赠的，拍卖款最后都捐给慈善部门。我记得那次拍卖会上拍卖了红酒、玉石、字画等东西，其中包括一幅张某写的字，印象中上面写的好像是‘福’‘寿’两个字。为了能和他尽快搭上线、建立关系，我就以××万元的高价拍得了张某这幅字。他当时很高兴，夸我懂行、识货，还给我留了联系方式。其实我知道张某的字根本不值多少钱，之所以用这么高的价格拍得他的字，主要是想让张某知道我，对我有个好印象。所以，有了这个机缘之后，我就时不时主动联系他，慢慢地张某就和我熟悉起来了。”

例 2——实施过程：“2017 年上半年的一天，我和妻子在家吃完晚饭，李某（行贿人）带着一个纸箱子到我们家里来，说是给我们带了些土鸡蛋等土特产。我客气了下，没多说什么。在闲聊的过程中，李某提到他儿子毕业后一直没有考上机关事业单位，希望我帮忙找个工作，我说看机会吧。我们又寒暄一会儿后，李某就走了。他走后，我妻子打开箱子收拾时发现鸡蛋下面还放有 50 万元人民币，我马上打电话给李某，他在电话里说，儿子找工作的事情还请我们帮忙关照，送的钱是他的一点心意，一定要收下。我说，都是乡里乡亲的，不用这样，孩子工作的事我尽力。”

例 3——退赃过程：“2014 年年底，具体时间记不清了，有一天我听说杨某某被带走调查了，我心里非常害怕，担心他把送给我 100 万元的事说出来。为了掩盖自己的罪行，我决定马上把钱给退了。之后，我让爱人准备 100 万元人民币现金。爱人问我怎么回事，我告诉她杨某某被抓了，安全起见，得把钱赶紧退掉，要是以后有人问起，就说之前借的，已经还了。钱准备好后，我让爱人赶紧联系杨某某的妻子，把这笔钱还给她。后来，爱人告诉我她开车赶到双方约定的地点，把 100 万元人民币交给了杨某某的妻子，还让对方写了一张收据。”

2. 通过“自述”方式体现主观故意。主观故意的体现，主要有两种方式：一种是通过客观的行为；另外一种就是行为人自己讲述。前者是由客观推定主观；后者是直接体现，能够使人物特征丰满起来。

例 1——行贿人：“我是个做生意的，对书法没有研究，也不懂。据我所知，张某（受贿人）不是什么书法名家，他的书法作品没什么收藏价值，而且我和他根本没商量过作品内容、作品价格，他给什么我就拿什么，给多少我就拿多少，我拿回去之后往储藏室一扔，再也没有关注过。说到底，我给张某送钱，并不是冲着他的书法作品去的，书法作品只是一个幌子，是为了他面子上过得去，容易接受。所谓收藏书法作品，纯粹是我给张某送钱的一个借口。”

例 2——受贿人：“王某作为一个商人，可谓是千方百计对我进行拉拢攀附。最初，他以高价拍下我的书法作品，这就取得了接近我的敲门砖。我明白他的目的，也知道我的书法作品没有什么收藏价值，但我乐在其中，很有成就感，给了他接近我的机会。之后，他抓住我附庸风雅、好面子的特点，多次以买字为名给我送钱。我不仅没有把握住原则底线，而且还自欺欺人、掩耳盗铃，欣然地接受了他给的‘糖衣炮弹’，收受了他的贿赂，并且利用职权为他谋取利益。”

3. 通过表情、神态、动作等，体现态度和心理变化。笔录中除了记录行为过程、主观故意外，涉及的一些动作、表情、神态等，要适当记录，尤其是前后有反差的变化，增强了笔录的真实性。比如：低头、沉默不语，点头，摇头，叹气，眉头紧皱，神情紧张，满脸通红，脸色苍白，眼神闪烁，放声号啕大哭，捶胸顿足等。在描述时，要做到客观准确。

（三）重逻辑——解决顺畅可读性的问题

1. 单份笔录的逻辑结构。逻辑清晰，主要体现在结构上，不同部分内容要按照一定顺序展开。制作中，重点把握好以下几项原则：

一是先客观后主观。指的是先记录客观行为，时间、地点、人物、情节等，后记录对上述行为的态度、认识等，体现出有无认错悔过、是否愿意上缴赃款等。

二是先正向后反向。正向指的是以第三人视角，来记录还原案件事实，反向指的是从当事人角度思考笔录中是否还有“漏洞”，是否存在可以辩解的地方，比如将受贿事实辩解为借贷法律关系。

三是先概述后追问。先概述指的是针对某一具体事实先由谈话对象概括描述事实的基本情况，然后根据其交代事实补充追问有关细节，尤其是交代不清楚或者需要突出强调的重要内容。

比如在记录完收受财物的事实后，追问该财物的具体特征。

四是先分述后归纳。受贿案件，不管是收受财物的事实，还是谋取利益的事实，往往不止一个，为更好体现事实的全貌，在分述有关事实的基础上，要有归纳总结，比如从对象的角度（答语）回顾一下之前讲的多起事实，概括一共有多少次多少钱，多少个帮忙事项。

2. 多份笔录间的衔接。基本要求是：

一是布局合理，衔接流畅。一般采用“总—分—总”的结构。首份笔录，除载明个人、家庭等基本情况外，还要对主动交代的犯罪事实作概括表述。分笔录是在总笔录的基础上，详细载明每笔涉罪事实。收尾笔录是在调查终结前，单独形成一份总结性笔录，系统梳理归纳所有涉嫌犯罪事实。

二是避免雷同，不一致的要说明。根据规定，每一起涉嫌犯罪的事实必须有两份以上笔录，以体现稳定性要求。这里的多份笔录不能简单重复，一般采用详笔录和简笔录的方式来解决。此外，不同笔录中，对同一事项的供述存在前后矛盾的，应重新核实清楚，明确以哪次内容为准，并对矛盾情况作出合理解释，比如“因为时间久远，此前关于××的记忆不太准确，以此次交代为准”。需要注意的是，一起事实的补充笔录不能太多。实践中，有的没有查清楚，后面多次更正、反复补充，影响证据效力。

（四）强印证——解决证明力的问题

笔录制作中，除了表述有关事实外，必要时还需要对有关书证、物证（照片）、鉴定意见等进行出示，由被审查调查人、行贿人、经办人等予以辨认、确认、说明。

1. 出示证据的目的。笔录中出示书证、物证等，主要目的是确认相关证据的真实性，建立与案件事实的关联性。

2. 出示证据的类型。办案中，出示物证、鉴定意见相对简单、容易操作，而出示书证的情形较为复杂，出现问题也较多。常见的书证有以下两种：

（1）合同、文件等。主要集中在谋利事项中，被审查调查人通过签订合同、签批文件等方式，帮助行贿人谋取利益。笔录中需要出示合同、文件等，让相关人员辨认材料上的签名是否为其本人亲笔，有关内容是否真实。有的案件中，行受贿双方通过民事合同形式掩盖行受贿事实，此时还要对合同条款的真实含义进行解读，以揭露贿赂本质。

（2）相关财务凭证等。此类书证主要包括与贿款来源有关的记账凭证、银行账户流水等，也包括行贿人为受贿人购买房、车等物品的发票、刷卡单据等。这里注意，需要向行受贿双方、相关经办人等出示，确认相关财务凭证与贿赂事实之间的关联性。

需要指出的是，公司商业资料、个人任职文件、会议记录（纪要）、有关法律法规规定等常规性书证，一般情况下不需要出示。

3. 出示证据的表述。出示证据时，应当注意两点：一是出示材料的情况要具体，能够体现证据材料的特定性，比如书证的名称、时间、主要内容、落款签名等；二是出示证据要印证的事项应当由谈话对象自己讲出来，避免出现指供指证的情况。

不规范表述，如问：（出示购车合同）你看以下这份合同，是不是你给李××购买的宝马车合同？答：（看×分钟）是的。再如，问：（出示张××名下建设银行卡，卡号×××××，开户资料及2010年1月至2020年1月交易流水）材料显示，2015年8月30日有一笔100万元的转账支出，你看一下，这笔钱是不是你送给李××的100万元？答：（看××分钟）这笔钱就是我送给李××的100万元好处费。

规范表述，如问：（出示1. 某4S店调取的宝马汽车买卖合同，合同号0001，日期××××年××月××日，甲方：××公司，乙方张某，金额××万元；2. ××公司记账凭证，时间××××年××月××日，摘要购买宝马轿车，金额××万元）请看下这些材料，并予以说明。

答：（阅看××分钟）这就是我为感谢王某帮助我公司协调解决某某问题，给他购买宝马轿车的合同、支付费用相关凭据，合同上的签名是我亲笔书写。购买这辆轿车共计花费××万元，相关费用是从我公司账上出的。

三、提高笔录制作能力的必由之路

古语有云："求木之长者，必固其根本；欲流之远者，必浚其泉源。"上文讲的技巧都是"治标"，而能力的提高才是"治本"的方法。提高笔录制作能力，可以采用以下三个方法：

（一）听记能力的锻炼

听记能力是笔录制作需要的基础技能，要听得明白、记得下来。听记能力主要靠平时在办案中练习提高。有的办案新手为了练习听记能力，每天边听广播边记录，取得了很好的效果。

（二）文字处理能力的提升

文字处理能力是笔录制作需要的另一项基础技能。只会听记是不够的，还要学会总结提炼，用准确简洁的语言将谈话对象讲的内容记录下来。文字处理能力的提高不是一蹴而就的，要多读书、勤思考、多练笔。

（三）专业知识的积累

要成为一名笔录制作高手，除了拥有上述基本技能外，还要精通纪律、法律，知道重点问什么、记什么、怎么记。此处的法律不仅包括刑事法律，也包括物权法、合同法等相关法律知识。此外，还要熟悉有关政策、行业规范以及相关领域专业知识。比如，办理土地领域职务犯罪案件时，要知道“毛地”“净地”等专业术语是什么意思。

第四节　自书材料与同步录音录像

言词证据的表现形式，除了笔录外，还包括与笔录密切相关的自书材料、同步录音录像两种。

一、自书材料

1. 什么情形下要书写自书材料？主要有两种情形：一是重要证据。比如在做完笔录后，让被审查调查人和关键证人自行书写材料，起到补强作用，要注意自书不能代替笔录。二是不具备制作笔录条件的情形下，通过自书材料替代。比如人在境外不具备取证条件，或者身体健康状况较差不适合谈话取证等，这种仅有自书材料的情形应当严格限制。因为在这种情况下，无法核实是否是证人的真实意思表示，也无法告知其权利和义务。

2. 基本要求。自书材料要和笔录内容保持一致，但不能原样抄写笔录。形式上，题目可写为“亲笔供词（证词）”或者“我与××之间的不正当经济交往情况”等。正文，一般分为两到三部分，包括自书人的基本情况、有关问题的具体内容，以及自身的态度、认识等（见附3）。书写结束后，由自书人在每页材料下面签名捺指印，调查人员（2名以上）在自书材料首页上注明收到时间并签名，如“本材料共×页，于××××年××月××日收到。调查人员：×××、×××”。

3. 自书材料的使用。谈话过程中，对于被调查人出现记忆不清等情况，可以结合被调查人此前书写的自书材料，有针对性地进行讯问；必要时，可以将被调查人书写的自书材料复印件出示给其本人阅看，并在谈话结束前及时收回。

附3：自书材料参考样式

关于我与李某某之间不正当经济交往问题

我叫张某某，男，汉族，××××年××月生，××省××市人，中共党员，曾任某市委常委、副市长，××××年××月退休。(基本情况)

我要主动交代，与李某某之间不正当经济往来问题。(逐笔写明收受财物事实)

李某某之所以送给我这些钱，是因为……。(逐笔写明谋利事实)

我深刻认识到，自己利用职务便利为李某某在职务提拔、工程承揽等方面提供帮助，并多次收受其所送钱款，已经触犯党纪国法，我认罪悔罪，愿意积极配合监察机关调查，积极退赃，争取宽大处理。(认识和态度)

自书人：

××××年××月××日

二、同步录音录像

录音录像既是谈话过程和内容的固定，也是证明取证合法性的关键证据，应当依法制作，全程不间断进行，不能选择性录制、随意剪接。

1. 什么情形需要录音录像?《监察法》第四十四条第二款规定，调查人员进行讯问以及搜查、查封、扣押等重要取证工作，应当对全过程进行录音录像。《措施使用规定》也明确规定，讯问、搜查、查封、扣押以及重要的谈话、询问等重要取证工作，应当全程同步录音录像。根据以上规定，两种笔录要有同步录音录像：审查调查对象的讯问笔录（所有的）以及关键证人的询问笔录（至少一份)。

2. 基本要求。同步录音录像要与笔录保持一致，二者内容不能有实质性差异。关键内容、核心情节应是谈话对象自己讲出来的。如果笔录记载的内容与录音录像反映的内容有实质性差异，应当以录音录像为准。例如，有一份同录光盘，谈话对象比较沉默，办案同志讲了核心内容以后，对象不置可否，而笔录中记录的都是对象自己主动回答的。此外，有的笔录关键情节与录音录像完全相反，笔录显示态度良好，对问题供认不讳，而录音录像则显示其一直在辩解。这种情况下，如果被申请排非，结果可想而知。

所以，审查调查中，要正确看待录音录像的作用。录音录像既是对审查调查措施使用的监督，同时也是一种保护，是证明取证合法性的重要依据。所以，办案人员要适应在镜头下开展谈话、进行搜查等取证活动。

第三章
实物证据的收集与固定

实物证据是审查调查中常见的证据种类，包括物证、书证、视听资料、电子数据等。实物证据的最大特点就是客观性和稳定性较强，在纪检监察机关查办案件中发挥重要作用。

第一节　物　　证

物证是以物品、痕迹等客观物质实体的外形、性状、质地、规格等证明案件事实的证据，包括房产、车辆、文物字画、黄金、钱款、银行卡等。物证的收集和使用有着严格的要求，以确保证据的效力。

一、搜查

根据规定，监察机关可以依法对涉嫌职务犯罪的被调查人以及可能隐藏被调查人或者犯罪证据的人的身体、物品、住处和其他有关地方进行搜查。

（一）准备工作

1. 采用搜查措施前要制定搜查工作方案，按照程序报批。方案包括搜查目的、对象、范围、时间、程序以及内容安全防范措施、人员编组以及分工、工作纪律等。

2. 准备好相关搜查文书，包括《搜查证》《搜查笔录模板》（见附 1、附 2）以及相关照相录像设备。《搜查证》以搜查次数为单位制作，严禁一证多用。对《搜查证》记明地点的附属地下室、车库等附属建筑，可以一并进行搜查。

3. 参与搜查的监察人员不得少于二人，借调同志可以参与，但现场指挥人员应由本机关监察人员担任。

（二）搜查实施

1. 程序要求。（1）开展搜查一般应当不间断进行，尽量减少对被搜查人及其周边住户的影响。根据工作需要，可以夜间搜查。（2）现场指挥人向被搜查人或者其家属、见证人表明身份、说明理由、陈述依据、告知权利义务，出示《搜查证》并要求其签名。（3）搜查过程中可以分组、分区进行，严禁单独进入搜查区域。对女性身体进行搜查时，应当由女性工作人员进行。（4）搜查结束后，制作搜查笔录，调查人员在笔录上签名，被搜查人或者其家属、见证人在笔录上签名捺指印。被搜查人或者其家属不在场，或者拒绝签名的，应当在笔录中记明。（5）搜查中查扣的物品要从严把握，注重与案件之间的关联性，包括可能涉案的现金、财物凭证、珠宝玉石、字画等贵重物品，也包括可能涉案的文件、电子数据存储介质等。但要注意，不得随意扩大范围，严禁查扣与案件无关的财物、文件等。发现枪支弹药、违禁书籍等各类危险品、违禁品的，一般应予以查扣。对于不便搬运的物品可以采取拍照、录音录像等方法保全后原地封存。

2. 录音录像的要求。根据相关规定：（1）进入搜查地点前，对能够表明搜查地点具体位置的小区标识、楼幢标牌、房间门牌等进行拍照和录音录像，以确定搜查的具体位置。（2）需要强制开锁的，应对开锁全过程录音录像。（3）搜查全过程应当同步录音录像。开始时，应当对搜查时间、人员和范围等作出说明。出示证件和文书应当在录音录像中反映。需要注意的是，若出现设备故障等特殊情况，应停止搜查，待设备恢复正常继续开展。（4）搜查结束，离开相应地点的撤离过程也应当在录音录像中体现。

3. 见证人的要求。见证人是搜查的必要条件，严禁在没有见证人的情况下进行搜查工作。（1）见证人的选择。实践中，见证人一般由被调查人所在单位的工作人员，小区物业工作人员，住处所在地的居委会或村委会、街道工作人员等担任，邻居或者不承担协助执行任务的公安机关工作人员也可作为见证人。见证人的身份应当在搜查笔录中记明，并附有身份证复印件。需要注意的是，下列人员不得作为见证人：一是生理上、精神上有缺陷或者年老、年幼，不具有相应辨别能力或者不能正确表达的人；二是监察机关的工作人员或者其聘用的人员；

三是协助执行搜查任务的公安机关工作人员；四是被调查人或者其家属等利害关系人；五是其他与案件有利害关系，可能影响案件公正处理的人。(2）见证人的履职要求。见证人应当对搜查过程、内容严格保密，不得对外公开或者透露给他人，不得私自对现场进行录音录像，也不得影响或干扰搜查工作的正常进行。

4. 搜查住处、办公室等有关场所时，既要注意查找有关涉案物品，也要注意发现与案件有关的文件等书证，需要查封、扣押的，按照有关规定办理。

附 1：搜查证模板

×××监察委员会

搜　查　证

×监搜〔　　〕　　号

根据《中华人民共和国监察法》第二十七条第一款之规定，特派本委工作人员____等______人持此证对____进行搜查。

年　　月　　日

（委印）

本搜查证已于______年____月____日向我出示。

被搜查人（家属）：__________________

见证人：________________

附 2：搜查笔录模板

×××监察委员会

搜　查　笔　录

时间：______年____月____日____时____分至____日____时____分

地点：____________________________

调查人员：________________________

搜查人员：________________________

见证人：__________________________

过程、方法及结果：因　　　一案，本委工作人员根据

　　　　号《搜查证》，依法对　　　　　　　　　进行了搜查。

____

____

____

本笔录的附件《查封/扣押财物、文件清单》一式　　份。

持有人（保管人）：

调查人员：（签名）（签名）

见证人：（签名）

被搜查人（家属）：（签名）

承办部门主要负责人：（审阅）

年　　月　　日

二、暂扣、扣押、查封

暂扣是纪检机关对有关财物、文件等采取的措施；而扣押、查封是监察机关对与违法犯罪事实有关财物、文件采取的措施。

1. 对职务犯罪事实立案前被调查人主动上交的财物，党纪已经立案，做登记清单，对涉嫌违纪的财物采取暂扣措施。

2. 扣押的对象主要是与案件有关的物品，包括涉嫌违法犯罪以及涉嫌违纪事实的物品。如果不能确定是否与案件有关，应扣押明显超过被调查人收入水平且价值较高的物品，如文物、金条、年份茅台酒等，个人生活物品一般不予扣押。

3. 现场扣押时出示扣押通知书，填写扣押清单，并全程录音录像。物品扣押要有持有人（保管人）、见证人在场，见证人要提供身份证，调查人员和有关协助人员不得充当见证人。调查人员对物品进行逐一清点，装入密封袋，贴上密封条、条形码，统一编号，两名调查人员在密封条上签字。物品的编号应当贯穿辨认鉴定等各环节，不能随意更改。

扣押清单的填制要规范完整，详细载明物品的名称、数量、重量、型号、大小、新旧程度等特征。比如，字画要注明图案（字样）简要内容、落款、尺寸，手表要注明品牌、机芯或表壳编号、表盘形状颜色及镶嵌物（是否镶透明晶体）、表带材质颜色等。再如现金，除币种、金额外，外在特征也需要载明。比如，查扣的现金是从银行直接取出来的，10 万元一整捆，外面有封签，显示银行网点的名称、封捆的时间，有的还有二维码或条形码等。

需要注意的是，在填制清单时，不能将需要进行真伪鉴定的内容直接记录下来，比如“金条”应填写为“黄色金属块”，“象牙”应填写为“白色骨质物品”等，避免事后鉴定为赝品造成记录不准确的情况。(见附3)

4. 对于涉案的不动产和置于不动产上不宜移动的设施、家具和其他相关财物以及车辆等大件财物，采取查封措施，必要时可以扣押其权利证书，经拍照或者录像后原地封存。查封后，调查人员应将《查封通知书》送达不动产、车辆、船舶等财物的登记、管理部门，告知其在查封期间禁止办理抵押、转让、出售等权属关系变更、转移登记手续，并在查封清单上记明。办理查封手续的同时，应当核实不动产的产权性质、产权人、有无抵押和其他权利负担等情况，以免产生争议，影响后期处置，属于轮候查封的亦应注明。

5. 查封、扣押的解除。对查封、扣押的财物和文件，应当及时进行核查。经查明与案件无关的，在三个工作日内解除查封或者退还，并向有关单位、原持有人或者近亲属送达《解除查封/扣押通知书》，附《解除查封/扣押财物、文件清单》。

附 3：扣押物品清单样式

×××监察委员会

查封/扣押财物、文件清单

编号：　　　　　　　　　　　　　　　　　　　　　第　　页 共　　页

序号	财物、文件编号	财物、文件名称	数量	单位	特征	备注
1	×××	金属块	1	块	黄色长方形，正面有“中国建设银行，建行金”，背面有“Au9999，500 克”等字样。	查扣地点：××
2	×××	手表	1	块	白色表盘，银色表带，正面有 PIAGET 字样，背面编号：××，盒内有价签标有×。	查扣地点：××

被查封/扣押财物、文件持有人：
见证人：
调查人员：

年　　月　　日

本清单一式两份，一份附卷，一份交财物、文件持有人。

三、保管和辨认

（一）保管

扣押物品办完手续后放在专门场所，指定专人妥善保管。保管工作最重要的是安全：一是不能丢失，更不能私自占有或处置；二是不能毁损，如果瓷器类别的物品在搬运中碰掉一个角、书画作品撕开一个口等，就会严重损害物品的价值。

需要特别指出的是，对于易损毁、灭失、变质以及其他不宜长期保存的物品，应当用笔录、拍照、录像等方法加以保全后进行封存，或者经批准后委托有关部门变卖、拍卖，所得价款存入专用账户保管，待调查终结后一并处理。对于危险品、违禁品，应当按照规定及时送交有关部门，或者根据工作需要严格封存保管。

（二）辨认

辨认的主要任务是核实扣押的物品是不是涉案物品，以确定物品的同一性。

1. 辨认应当在调查人员的主持下进行，调查人员不得少于二人。几名辨认人对同一对象进行辨认时，应当分别进行。

2. 辨认前，应当告知辨认人有意作虚假辨认应负的法律责任，并向辨认人详细询问被辨认对象的具体特征，避免辨认人在辨认前见到被辨认对象。

3. 辨认时，原则上应当混杂辨认，将辨认对象混杂在特征相类似的其他对象中，不得给辨认人任何提示。辨认物品时，物品数量不得少于五件，照片不得少于五张；辨认人员时，人数不得少于七人，照片不得少于十张。

特殊情况下，对场所等特定对象进行辨认，辨认人能够准确记忆、具体描述物品的物理属性或者独有特征也可以单独辨认（出示确认）。

4. 制作辨认笔录（见附4），记录辨认过程和结果，并由调查人员、辨认人、见证人签名。辨认人在辨认出的实物照片与附纸骑缝上捺指印予以确认，并在辨认物品照片下，注明“经过辨认，×号照片就是××××年×月×日我收××的××”，并签名、捺指印。必要时，可以对辨认过程进行录音录像。

附4：辨认笔录模板

×××纪律检查委员会

×××监察委员会

辨 认 笔 录

时间：____年____月__日____时____分至____月____日____时____分

地点：________________

调查人员：(姓名、单位)

(姓名、单位)

辨认人：(姓名、性别、民族等基本情况，与本案关系)

见证人：(姓名、性别、民族等基本情况)

辨认对象：________________

辨认目的：________________

辨认过程及结果：我们是××纪委监委的工作人员，现在依法组织你进行辨认。你必须如实提供有关情况，有意作伪证或者隐匿罪证要负法律责任，你明白吗？

答：明白。

问：请陈述一下当时的情况，并讲明被辨认人（物）的基本特征。

答：

问：我们这里准备了不同正面照片（物品）10张（件），你仔细全部看一看，你现在是否能够辨认出？

答：(约　分钟）我看完了，其中

____

____

____

____

____

____

____。

问：本次辨认开始前，你是否见到了辨认对象？辨认活动是否个别进行？是否有人给你明显暗示或者明显指认嫌疑？

答：

问：你以上所讲是否属实？

答：

问：你看一下笔录，和你辨认的是否一致？如果记载有遗漏或者差错，可以提出补充或者改正。如无误请签名确认。

答：

〔辨认人亲笔书写“以上笔录共×页，我已看过（或者向我宣读过），和我说的相符”，并逐页签名、捺指印〕

通过辨认，确认　　号照片（物品）就是　　　。至此，辨认结束。

附件：1. 用于辨认的照片（物品）10 张（件）

2. 被辨认照片（物品）说明

调查人员：（签名）（签名）

见证人：（签名）

记录人：（签名）

年　　月　　日

四、鉴定和告知

（一）鉴定

根据相关规定，审查调查中的鉴定具体包括：（1）对笔迹、印刷文件、污损文件、制成时间不明的文件和以其他形式表现的文件等进行鉴定；（2）对案件中涉及的财务会计资料及相关财物进行会计鉴定；（3）对被调查人、证人的行为能力进行精神病鉴定；（4）对人体造成的损害或者死因进行人身伤亡医学鉴定；（5）对录音录像资料进行鉴定；（6）对因电子信息技术应用而出现的材料及其派生物进行电子数据鉴定等。关于价格认定是否属于鉴定意见存在一定的争议，通常认为属于“准鉴定意见”性质。

实践中，需要注意以下几点：

1. 鉴定机构和人员的资质问题。对于涉案物品的真伪鉴定应当在价格认定前进行，对金银首饰、珠宝玉石、钟表等，可在国家市场监督管理总局和省级市场监督管理局批准的产品质量检测机构名录中，选定产品质量检测机构；对于书画作品等艺术品，作者健在且符合证人条件的，应由作者本人对作品进行辨别，而不宜由作者的家属、学生等其他人代替；对涉案文物，可委托文物行政主管部门指定的文物鉴定机构进行鉴定；对部分特殊物品如茅台酒等，目前尚无具备鉴定资质的单位情况下，可委托相关生产、销售企业进行甄别。关于价格认定，通常委托发改委价格认定部门进行认定，其中涉及股权价值的，可以委托有资质的资产评估机构进行。

2. 调查人员应当为鉴定提供必要条件，及时向鉴定人送交有关检材和对比样本等原始材料，介绍与鉴定有关的情况，并明确提出要求鉴定事项，不得暗示或者强迫鉴定人作出某种鉴定意见。

3. 涉案财物已上交专门部门保管的，物品鉴定需要对物品进行出库入库处理，在此过程中应当仔细清点，确保交接无误，物品鉴定时应当确保物品安全。

4. 价格认定应当以犯罪行为发生的时间进行，基准日尽量具体。需要注意的是，不是所有物品都要进行价格认定，如果涉案物品的购买与犯罪行为发生间隔较短，市场价格波动不大，且有充足证据证明价格不存在争议的，可直接使用购买价格认定。

（二）告知

用作证据的鉴定意见，调查人员应当制作《鉴定意见告知书》送达被调查人及相关单位、人员，并告知鉴定的情况，包括鉴定的方法、过程和结论以及有权申请重新鉴定等。相关人员提出重新鉴定申请的，经审批，可以补充鉴定或者重新鉴定。

第二节 书 证

书证是以文字、符号等所表达的内容来证明案件事实的证据，包括文件资料、会议记录、记账凭证、票据、交易流水等。为确保证据的效力，书证的收集必须遵守有关规范性要求。

一、书证收集的基本要求

（一）程序合法

1. 收集书证时，调查人员不得少于两人。调取书证前，向被调取单位或个人告知如实配合的义务。

2. 向被调取单位或个人出示工作证，填写并送达法律文书。常见调取书证的文书有调取证据通知书、协助查询财产通知书等，注意不要混用，去银行查询账户交易流水不能使用调取证据通知书。

3. 调取证据通知书后的文件清单要填写完整，尤其是特征。比如，合同的甲方乙方、签订日期、金额等主要特征要记录下来。

4. 多个来源书证的调取。书证应尽可能从政府部门、银行等公共机构调取。如公司贷款的申请审批材料，虽然公司和银行均有保管，但银行方的证据客观性较强；再如企业的工商登记资料，应从市场监管部门调取，而不宜从该企业直接调取；

对于被审查调查人、证人自行提供的查询材料和相关书证，如银行流水、转账记录等，应审慎使用，通常相关人员自行提供证据后，纪检监察机关会从政府部门、金融机构等重新调取，以确保其真实性。

（二）形式规范

1. 调取书证应尽可能调取原件，取得原件确有困难的，可以使用复制件。单位提供书证的，应在书证的首页、尾页加盖单位公章，同时加盖骑缝章。复制件不能清晰、完整反映原件内容的，由书证原持有人、保管人对相关内容予以补正，并签字或者盖章。

2. 书证为复印件时，要有书证复印件的制作过程、结果的情况说明（目的是要证明同一性）。一般由提供人在书证首页空白处（预留左侧装订区域）签写“此材料复印于×××单位（个人处），共计××页，已与原件核对无异，因档案管理要求（或者因保密工作需要等），原件存于×××单位（个人处）”，并由提供人签名、注明日期，两名以上调查人员（接收人）签字并注明提取时间。需要注意的是，取证时不能太僵化，有时书证首页没有地方写这段话，可以单独制作提取说明，不必非要写在书证内容上，以免影响书证的效力。

（三）内容完整干净

书证的收集往往会经历发现证据和精选证据两个阶段。发现证据阶段重在发现与案件有关的书证材料，而精选证据阶段重在对已调取的证据梳理、选择，确定哪些书证可以作为入卷证据使用，以达到既全面又精准的目的。

1. 书证的完整性问题。调取会议纪要、银行流水等书证时，要注意保持书证材料的完整性，调取一个事项或一个时间段的完整材料，并用铅笔在有关事项上作出标记，便于阅卷。如果材料中涉及与案件无关的敏感内容，复印时可选择性隐去，并由提供者注明。需要注意的是，调取书证也要突出重点，不能盲目调取。比如，一份行贿人笔录中，行贿人谈到其请托受贿人帮助自己调动工作，主要是考虑妻子身体不好，想离家近一些。办案人据此去医院调取了能够证明其妻身患疾病的大量材料，包括病例、住院治疗记录等。就行受贿事实而言，调取书证的重点应当是谋利事项和收受财物的相关证据，至于请托的缘由，即便是虚假的，也不影响受贿事实的认定。

2. 书证的精准度问题。（1）在同一单位调取的书证较多时，应在梳理后按照事项种类或逻辑顺序逐项分别制作取证说明，并签名、盖章，便于组卷时根据需要作出取舍、编排。（2）书证内容涉及资金往来等复杂情形，难以看清证明事项的，办案人员可梳理后在书证材料前附取证说明，简单列明书证的主要内容、证明事项等，便于阅卷人员快速了解书证的有关情况。（3）调取书证应当有针对性，有证明的价值，避免简单化取证、过度取证、调取大量无关的内容，给后续工作带来诸多不便，影响工作效率。

二、常见书证的调取

（一）被审查调查人主体身份资料

主体身份的相关书证主要包括两类：一类是证明被审查调查人自然身份的证据，需到户籍所在地的公安机关调取，具体包括户籍证明、常住人口基本信息、无犯罪记录证明等书面材料；另一类是证明被审查调查人职务身份的证据，需到组织部门调取，具体包括其担任各阶段领导职务的干部任免审批表、任免职和分工文件。此外，被审查调查人担任党组成员或退出现职，以及担任各级党代表、党委委员、人大代表、政协委员等职务或身份的材料也要一并调取，必要时可由组织部门出具说明。

（二）企业及其人员身份资料

1. 关于涉案企业及其法定代表人、股东、董事、监事的书证，应从市场监管部门调取该企业的营业执照、档案登记资料等。对于存在挂靠关系的公司，需调取证明挂靠关系的书证等证据。

对于法定代表人与实际控制人不一致的，需调取能证实实际控制人的书证和相关言词证据。对于涉及企业人员的任职情况，且工商登记资料中未显示的，由相关企业出具任职情况说明。

2. 涉及国有企业人员职务犯罪行为，且工商登记资料无法直接体现其国有性质的，由国有资产管理部门出具证明材料，对其国有性质予以证明。

3. 对于证人应同时调取其身份信息证明（居民身份证、港澳台身份证件、外籍护照等），可在询问时由证人提供身份证复印件（左侧留出足够空间订卷），由其本人在身份证复印件上注明“本复印件由我本人提供，与原件一致”，并签字捺指印，注明提供日期，两名以上调查人员签字并注明接收时间，或者由调查人员到公安机关集中调取。有关证人去世的，需调取死亡证明材料。

在押服刑的证人，可在提审时一并调取其罪犯信息登记表等材料；被采取刑事强制措施或留置措施的证人，调取拘留、逮捕、留置等法律文书复印件。

关于谋利环节公职人员职务身份的书证，需调取该公职人员最新的干部任免审批表以及与案件事实相关的任职通知、分工文件等材料。

（三）企业会计资料

1. 对于待证事项单一、指向明确、所需凭证不多的企业会计资料，可填写调取证据通知书列明所需资料后，以企业会计人员自行复印、复制的方法提取证据。

2. 对于待证事项复杂、所需凭证繁多的企业会计资料，可由该企业财务人员进行分类梳理后复印，并制作情况说明，详细说明会计资料有关情况；必要时，也可在履行手续后予以扣押，以防止人为转移、销毁、篡改。

3. 调取会计资料，有时还需要收集该单位的会计制度及相关规定，以审查会计资料的制作、审批、签报是否合规。

注意事项：(1) 调取会计凭证时，既要调取记账凭证，又要调取其后所附的原始凭证，不要遗漏。记账凭证与原始凭证不能对应的，可以让会计人员出具辅助说明。(2) 在复印原始凭证时，注意凭证背后有无签字。(3) 有的企业财务制度不健全，存在销售不入账或会计凭证遗失的情况，此时应要求企业会计人员出具情况说明。(4) 对于金条、钻石、字画、玉石等贵重物品，如果企业在购买时未开具发票，或者开具发票收据时未载明真实的信息，应根据有关财务资料仔细排查。

（四）收受财物的书证

1. 收受房产的书证。一是到房产所在地的不动产登记部门调取房屋买卖合同、不动产权属证书等材料。二是注意房产交易阴阳合同问题，为少缴交易税费，实际交易价很可能高于档案中的合同约定价，必要时结合银行交易流水及凭证综合进行判断。

2. 收受时间、地点的书证。时间、地点是违纪违法犯罪事实的核心要素，也是事实发生所必需的时空条件，务必高度重视，确保事实清楚。不仅要有稳定的言词，而且要有客观证据予以支持，尤其不能出现反证。

(1) 地点。地点分为两种：一种是发生在居住地、工作地的，需调取相关地点（主要指家、单位之外的重要地点）的证据。比如，在某案件中，辩护律师以被告人、证人都交代的受贿地点在当时并不存在为由，对言词证据的真实性提出强烈质疑。再比如，某领导干部交代，他与某女性多次在××宾馆发生不正当两性关系。调查后发现，该市范围内从来没有该宾馆。另一种是发生在居住地、工作地之外的其他地方的，应注意调取相关人员乘坐飞机、火车等的出行记录。

（2）时间。被审查调查人若是在住院、学习培训、婚丧嫁娶等特定期间收受贿赂的，要调取能够证明上述事由的书证。比如，某私营企业主的询问笔录中记载，××××年××月的一天，他去某领导干部家里送钱，当天该领导的孙子过生日，因此兴致很高，还请他吃了一块生日蛋糕。该情节看似十分逼真，证明力很强。但是经查证，该时间领导的孙子还未出生。这个时间错误对于认定送钱事实构成了硬伤。又如，某私营企业主交代送钱是在领导干部某次出访前夕，结果查到其从银行取钱时间发生在领导出访之后，这也构成了硬伤。

3. 贿款来源的书证。贿款来源的证据是印证行受贿事实的关键证据。有的同志办案中忽略或不重视该方面证据的调取，表现为笔录没有体现贿款来源，或者简单表述为从公司备用金或者家中保险柜拿的，外币是从某某银行附近黄牛处兑换的，造成证据链条不完整。如某案件中，供证双方均证实行受贿400万元，行贿人交代钱是从公司支取的。但调查发现，当时该公司正处于破产状态，根本没有能力支付，同时又没有其他证据，无法排除合理怀疑，最终没有认定该事实。所以，职务犯罪案件中，涉及贿送大额现金时，要调取大额现金从公司支取的相关记录；涉及贿送外币时，要调取兑换外币的相关记录；涉及公职人员行贿时，其贿送钱款是其合法工资收入，还是违纪违法所得，都要核实清楚。

4. 外币汇率的书证。外币汇率涉及违纪违法数额的认定，可能会影响量刑档次。调取方式，通常采取以下两种：一是由两名以上调查人员直接在国家外汇管理局官网上下载有关汇率信息资料，并简要注明调取情况；二是到国家外汇管理部门或者相关金融机构调取相关汇率材料。汇率的选取应当结合被审查调查人供述、证人证言以及其他有关证据，尽量具体到当日；如果仅能认定为某一时间段的，应遵循有利于被审查调查人的原则，选择该时间段内的最低中间价，在折算汇率时采取只舍不入的方式。比如，行受贿双方均交代是某年 1 月份当地开“两会”期间送的，此时不能简单选择 1 月份汇率的最低值，而应调取当年“两会”的起止时间，选择其中最低值进行折算。汇率选取情况，应当制作情况说明（见附 5）。

附 5：汇率说明参考样式

关于汇率有关情况的说明

根据王某交代，其于 2012 年 7 月的一天送给李某美元 10 万元。通过互联网国家外汇管理局官网查询，2012 年 7 月 1 日至 31 日期间，A 日美元兑换人民币汇率最低，为××。结合王某李某出行记录，排除 A 日送钱的可能，故选择次低值的 B 日，美元兑换人民率汇率为××。

特此说明。

（后附该期间内每日汇率情况）

调查人员：×××　×××

日　　期：××××年××月××日

注意：

1. 行为日尽量精准，若周末无汇率，使用前一工作日汇率；

2. 选择区间汇率最低值时，要结合出行记录等，排除明显不在行为地的时间；

3. 在区间最低值处，用铅笔标注。

（五）谋利事项的书证

1. 干部提拔、职务调整类。需调取有关会议纪要、干部任免审批表、任职文件等材料。需要注意的是，调取会议纪要时，通常一次会议研究事项比较多，但不能选择性调取案件相关部分，而是要调取当次开会的完整记录。若其他有关信息比较敏感，可采取一定保密措施，同时附上说明材料。

2. 工程项目类。需调取该项目的中标通知书、施工合同、相关工程款收付凭证等材料。需要注意的是，工程项目类的书证通常比较多，在调取时应注意分类整理，根据待证事实重点调取，切忌不加选择地调取所有相关材料。比如，待证谋利事项是某领导干部帮助拿到某项目，那么应重点调取该工程项目招投标、中标等相关书证；如果待证谋利事项是某领导干部帮助协调该项目的拆迁事宜，则前期招投标手续不是调取重点，只要能证明有此项目即可。

3. 涉外书证材料。对于谋利事项中涉及的外文材料需要作为证据使用的，应当交由具有资质的机构和人员出具中文译本并加盖翻译机构公章，同时附有翻译机构和人员的资质证书、翻译人员与翻译机构关系等材料。

（六）关于情况说明

1. 当一些书证因客观原因无法调取，可由相关单位出具情况说明，以证实取证事项无法完成，而非没去调取。实践中，有些单位因各种原因不愿提供证据。此时，应想办法解决问题，而不能简单一纸说明了之。

2. 当调取的书证材料数量较多时，可由书证材料提供人制作情况说明，对书证材料进行梳理，对拟证明的事项予以说明。比如，涉及工程款结算事实，调取的公司财务付款凭证数量较多时，可由该公司财务人员制作情况说明，对涉及工程款支付的详细情况结合财务付款凭证予以梳理，便于阅卷。

3. 情况说明应加盖单位公章，由该单位提供人签名、注明提供日期，两名以上调查人员签名、注明接收日期。注意，不要与调取书证复印件的要求相混淆。

第三节　视听资料与电子数据

视听资料和电子数据都属于《监察法》《刑事诉讼法》明文规定的证据种类。二者具有密切联系，在证明力和证据能力方面没有实质性区别，取证要求也相似。

一、视听资料

（一）概念和种类

视听资料又称“音像资料”，是指以录音带、录像带等记载的声音、图像等，是以音像信息证明案件事实情况的证据材料。

职务犯罪案件中，视听资料证据并不多见，常见的主要有以下几种：（1）公安机关专用监控系统记录的资料，比如监控系统记录的涉案人员、车辆等有关信息，采取技术调查措施获得的证据；（2）政府机构、银行以及私人等的安防系统记录的资料，比如银行 ATM 机摄像头记录的取款视频；（3）有关人员自行拍摄、录制的音像资料，比如涉案人员提供的与被调查人通话时的录音等。

判断一项证据是否属于视听资料，不能仅仅通过录像带、光盘等证据载体来鉴别。比如，讯问被调查人的录音录像光盘，记录的是讯问的过程，与讯问笔录起到的证明作用相似，不具有视听资料的属性。

（二）收集视听资料证据的基本要求

收集视听资料证据必须遵循以下基本要求：

1. 视听资料的提取或制作应当有两名以上调查人员进行，由其向提供人出具《调取证据通知书》，并附调取证据清单。

2. 提取视听资料原件。由于客观原因确实无法调取原件的，可以制作复制件。

3. 收集过程中，制作视听资料提取笔录，写明提取过程、来源，是否为复制件、复制份数、无法提取原件的原因，复制件制作过程和原件存放地点，制作人、持有人的身份，以及制作的时间、地点、条件和方法，并由相关人员签名或盖章。

4. 视听资料的内容和制作过程应当客观、全面，不得剪辑、增加、删改。

二、电子数据

随着信息社会的发展，证据形式也在发生变化，越来越多的证据材料以电子数据形式出现，比如能够证明案件事实的手机短信、聊天记录等。2016 年 9 月，最高人民法院、最高人民检察院、公安部联合发布了《关于办理刑事案件收集提取和审查判断电子数据若干问题的规定》，为纪检监察机关收集提取电子数据证据提供了重要遵循。

（一）概念和种类

1. 概念。根据相关规定，“电子数据是案件发生过程中形成的，以数字化形式存储、处理、传输的，能够证明案件事实的数据”。据此，电子数据证据必须是在案件发生过程中形成的，而不能是案件发生后形成的。因此，案件发生后形成的证人证言、被审查调查人的供述和辩解等电子化的言词证据不属于电子数据。

2. 种类。根据相关规定，电子数据具体包括：

（1）网页、社交软件、论坛、音频、视频等网络平台的信息；

（2）手机短信、电子邮件、即时通信、通信群组等网络通信信息；

（3）用户注册信息、身份认证信息、生物识别信息、数字签名等用户身份信息；

（4）电子交易记录、通信记录、浏览记录、操作记录及程序安装、运行、删除记录等用户行为信息；

（5）恶意程序、工具软件、网站源代码、运行脚本等行为工具信息；

（6）系统日志、应用程序日志、安全日志、数据库日志等系统运行信息；

（7）文档、图片、音频、视频、数字证书、数据库文件等电子文件及创建时间、访问时间、修改时间、大小等文件附属信息；

（8）虚拟货币、游戏装备、数字藏品等其他可以作为电子数据的。

（二）收集、提取电子数据的基本要求

收集、提取电子数据，应做到全面、客观、及时，确保证据的真实性、合法性和关联性。

1. 取证主体

为确保取证合法性，应当由两名以上调查人员担任取证主体，最好选派具有相关专业知识的人员。经审批后，及时采取冻结、调取等措施，并出具相应法律文书。

2. 取证要求

（1）以扣押原始存储介质为原则。原始存储介质被视为特殊的犯罪现场，需要加以保护，防止电子数据遭到破坏，所以有条件的应当扣押、封存原始存储介质。根据相关规定，“收集、提取电子数据，能够扣押电子数据原始存储介质的，应当扣押、封存原始存储介质，并制作笔录，记录原始存储介质的封存状态”。

扣押原始存储介质时，应当出具《扣押通知书》，开列《扣押财物、文件清单》，清单中写明原始存储介质的名称、编号、数量、特征及来源等，由调查人员、持有人和见证人签名或者盖章，持有人无法或者拒绝签名、盖章的，应当在笔录中注明。

（2）以直接提取电子数据为例外。当无法扣押原始存储介质时，可以直接提取电子数据。根据相关规定，当存在不便封存的情形，无法扣押原始存储介质的，可以采取调取、勘验检查措施，通过现场或者网络远程采集、提取电子数据，并在笔录中注明不能扣押原始存储介质的原因、该介质存放地点或者电子数据的来源等情况，计算电子数据的完整性校验值。

调取电子数据，应当出具《调取证据通知书》，注明需要调取电子数据的类别、文件名称、文件格式、数量等相关信息，通知电子数据持有人、网络服务提供者或者有关部门执行。采取勘验检查措施的，应当持《勘验检查证》进行，并制作笔录，附《电子数据提取清单》。

（3）特殊情形下，既不能扣押原始存储介质，也不能提取电子数据时，可以采取打印、拍照或者录像等方式固定证据。采取打印、拍照或者录像等方式固定电子数据的，应当清晰反映电子数据的内容，并在相关笔录中注明采取打印、拍照或者录像等方式固定相关证据的原因，电子数据的储存位置，原始存储介质的特征和所在位置，照片及录像文件的完整性校验值等情况，由调查人员、电子数据持有人签名或者盖章；电子数据持有人无法签名或者拒绝签名的，应当在笔录中注明，由见证人签名或者盖章。实践中，通常将打印件等向相关人员出示确认，以确保其真实性。

第四章
证据收集的几个重点问题

审查调查工作中，证据的收集应该突出重点。本章主要介绍办案人员的思维方式、证据收集与调查措施的使用、证据收集的几个阶段和工作重点，以及特别程序中证据收集的基本要求等。

第一节　取证人员的思维方式

思维是行动的先导。有什么样的思维方式，决定了会采取什么样的行动。从事纪检监察工作，尤其是审查调查工作，应当牢固树立法治意识、程序意识与证据意识，形成系统思维与底线思维、纪法思维与调查思维、数据思维与关联思维，带动取证工作走向规范化、精细化、精准化。

（一）法治意识、程序意识与证据意识

1. 法治意识，是新时代纪检监察干部的基本要求。法治是我们党治国理政的基本方式，纪检监察机关肩负党内监督和国家监察双重职责，应当严格依据党章党规党纪和宪法法律法规行使权力，自觉运用法治思维和法治方式正风肃纪反腐，在监督执纪执法各环节中落实法治要求。纪检监察干部要把法治作为一种思维方式、精神信仰和价值追求，贯穿纪检监察工作全过程。

2. 程序意识，是程序法定原则的基本要求，是新时代纪检监察干部的必备素质之一。程序法定原则是现代法治的基本准则，是限制公权力、保障私权利的必然要求。其包含两层含义：一是制度层面，限制和剥夺公民权利的程序必须有法律事先明文规定；二是执行层面，公权力机关的活动要严格依照法定程序进行。具体到审查调查工作，要严格依规依纪依法进行，法律法规没有授权的不得擅自使用，法律法规授权的也要在允许范围内使用，严格履行审批手续，尤其是技术调查、留置等措施。

3. 证据意识，是证据裁判原则的基本要求，是新时代纪检监察干部的必备素质之一。证据裁判原则，是现代法治国家公认的基石性原则，也是证据法的核心原则。简单讲，无论是审查调查、审查起诉还是审判人员对事实的认定都必须依靠证据，没有证据则不得认定事实。具体到审查调查工作，收集、固定证据要从全面性、合法性、规范性等出发，注重证据的效力，切实防止非法证据；防止重视谈话突破、轻视证据固定；防止重视言词证据、轻视实物证据；防止重视直接证据、轻视间接证据。

（二）系统思维与底线思维

坚持系统观念，要求纪检监察干部善于从整体上、全局上认识问题，在普遍联系中处理具体问题。正如恩格斯曾指出的："当我们深思熟虑地考察自然界或人类历史或我们自己的精神活动的时候，首先呈现在我们眼前的，是一幅由种种联系和相互作用无穷无尽地交织起来的画面。"纪检监察工作要坚持系统思维，坚持纪法贯通、法法衔接，统筹查处违纪、职务违法和职务犯罪问题。克服就案办案、机械办案的思想，统筹办案的数量、质量、效率、效益、效果和安全，统筹"三不腐"一体推进等，以高质量办案服务保障经济社会的高质量发展。

坚持底线思维，就是凡事从坏处准备，努力争取最好的结果，做到有备无患、遇事不慌，牢牢把握主动权。在审查调查中坚持底线思维，最重要的就是安全底线，牢固树立"没有安全就没有审查调查"的理念，在办案全过程、各环节都要落实好安全规定要求，把安全问题想在前、做在前。尤其是走读式谈话，要注重提高谈话能力，从根本上解决为了口供"撬开嘴"的问题。

（三）纪法思维与调查思维

1. 纪法思维。监察体制改革后，纪检监察干部既要执纪，又要执法，所以必须做到纪法皆通。纪法思维是审理或者司法人员常用的思维方式，其更加强调定性分析，注重准确认定违纪违法犯罪事实。培养纪法思维的过程，其实就是一个逻辑推理的过程，大前提是纪律和法律规定，小前提是已查明的案件事实，结论是是否构成违纪违法犯罪。增强纪法思维，要求办案人员熟悉纪律、法律等相关规定，并能够熟练运用到具体工作中。

2. 调查思维。这是调查或者侦查人员常用的思维方式，注重如何快速有效突破案件。一般而言，职务违法和职务犯罪案件的突破有两种路径：一种是由内到外，立案后很快获取被调查人口供，然后根据口供交代的信息开展外围取证工作；另一种是由外到内，讯问工作短期无法突破时，根据外围获取的重要证据，比如搜查、扣押的关键物证、书证以及关键的证人证言等，倒逼被调查人在证据面前认罪。审查调查的过程，是耐心细致地做思想政治工作的过程，也是一个“拨开云雾见明月”，让事实逐渐清晰的过程。

审查调查中，纪法思维和调查思维二者要结合起来。一方面，调查的事实为案件定性提供基础材料，要及时判断分析，可能构成违纪还是违法犯罪；另一方面，纪法思维决定调查取证方向，性质不同则取证方向不同。要根据案件事实的不同性质，及时研究确定下一步取证思路和重点。比如，在搜查过程中，要自觉运用纪法思维去发现问题线索，对于可能涉及违纪违法犯罪问题的物证、书证及时办理查封、扣押手续，同时根据发现的线索，确定下一步取证方向。

此外，在调查思维和纪法思维基础上，还可以延伸出有罪假定和无罪推定。有罪假定是调查阶段必备的思维方式，要求审查调查人员具有怀疑的精神，不轻信口供，而是先大胆假设，然后小心求证。尤其是在初期，案件事实尚不清楚，有些新型受贿犯罪隐蔽性比较强，此时不能轻易相信或者放弃，要多从现象背后的本质入手来分析。小心求证则要求取证中不能“大而化之”，而是要注重每个细节，围绕构成要件收集、固定证据，不断接近、还原事实真相。无罪推定是刑事诉讼法规定的一项基本原则，是指任何人在被法院依法判决有罪之前，都应当视为无罪。换句话说，检察机关和监察机关，如果没有充分的证据证实被调查人的罪行，那么法院只能判决其无罪。与有罪假定原则不同，无罪推定原则主要适用于审理以及审查起诉和审判阶段，在这个阶段审查调查主体工作已经完成，事实的认定要以证据说话，如果证据不足则要坚持无罪推定、疑罪从无。

（四）数据思维与关联思维

数据思维与关联思维，是审查调查中尤其是初核工作中应具备的重要思维方式。二十届中央纪委四次全会指出，要以大数据信息化赋能正风反腐，突出强调大数据手段在纪检监察工作中的重要作用。

1. 数据思维。数据思维，指的是办案过程中，通过数据查询、碰撞、穿透和分析，熟练掌握人物关系图、资金脉络图等，挖掘隐藏在数据背后的问题线索，为案件突破提供方向、思路的现代化办案思维方式。数据思维是随着大数据时代而衍生出来的，其有效应用有助于打破案件僵局、缩短工作时间、提升办案质量。数据思维要求办案人员拥有对数据信息的敏锐性，能够及时发现海量信息中的不正常之处，挖掘隐藏的有用信息，让数据“活起来”“会说话”，形成数据引导调查的办案方式。

2. 关联思维。关联思维，指的是要注重数据之间的隐蔽性、关联性、互动性，通过深入分析数据之间的关联，分析被调查对象的特定关系人、代持财物等相关信息。此处的关联性，包括同户籍、同住址、同住宿、同出行（火车、飞机）、同车违章、同单位、同生活轨迹、同手机号码、同 IP 地址、同案人员、资金往来等，关联要素越多，关系越密切。这种关联思维有助于为案件选择恰当的切入点和突破口。此外，在调查取证中，关联思维要求我们收集的证据要符合违纪违法构成要件，无关的内容要尽量少取。

第二节　证据收集与调查措施的使用

证据的收集离不开调查措施的使用。调查措施的正确使用，体现了证据收集的合法性和规范性，一定程度上决定了案件的质量。

一、调查措施的种类

根据2018年《监察法》等相关规定，监察机关可以采取谈话、讯问、询问、查询、调取、搜查、查封、扣押、冻结、勘验检查、鉴定、留置等12种措施，以及由公安机关等有关机关执行的通缉、限制出境和技术调查等3种措施。其中，讯问、留置、冻结、搜查、查封、扣押和通缉等7种措施只有办理立案手续后才能使用。2024年12月，修改后的《监察法》新增了强制到案、责令候查、管护三种强制措施，既借鉴了《刑事诉讼法》有关规定，又体现了我国监察制度的特色。值得注意的是，以监委名义收集的证据材料，可以在监督执纪工作中作为证据使用。简单讲，即监委名义取证可以作为纪委进行处分的依据。

根据学理分类，调查措施可分为强制调查措施和任意调查措施两种。其中，强制调查措施是指采用强制性手段，对当事人的人身、财产等重要权益造成侵害的调查措施，比如留置、管护、强制到案、搜查、查封、扣押、冻结以及通缉、限制出境和技术调查等；而任意调查措施是指不采用强制性手段，不会对当事人重要权益造成侵害的调查措施，比如询问、查询、调取、勘验检查、鉴定等。区分强制调查措施和任意调查措施的重要意义在于，由于强制调查措施直接关系当事人的人身、财产等重要权益，所以必须严格控制使用，避免权力对权利造成严重侵犯。事实上，我国相关法规已经根据调查措施的严厉程度、调查对象的身份等规定了不同层次的审批程序。

二、调查文书的使用

根据相关规定，调查措施需要经过审批后依法使用，相关文书填制要规范。以下是调查中常用的几种法律文书及填制注意事项：

1.《询问通知书》。该文书系首次询问证人时使用，对被采取强制措施的人员以及正在服刑的犯人等，无须使用。基于保密等需要，第三联中“兹因____案件”，可填写为“相关”；落款时间用阿拉伯数字填写；询问地点一般填写办案地名称，如“××省廉政教育基地”。与笔录中谈话地点不同，不需具体至某谈话室。(见附 1)

2.《调取证据通知书》。该文书在从有关单位和个人收集、调取证据时使用，文书中第二联、第三联需要调取的证据材料处应当填写明确，尽量具体，不能以“详见清单”等代替。当调取的书证较多（两份以上）时，应当附《调取证据清单》。清单中数量、特征的表述应当规范，未使用的空白部分建议画一条对角线。(见附 2)

3.《协助查询财产通知书》。该文书主要是向金融机构查询相关单位、个人的存款、汇款、债券、股票等财产信息时使用，一般包括银行对账单、原始交易凭证等，通常是打印的材料，需加盖金融机构印章。(见附 3)

4.《委托鉴定书》。该文书是为查明案情，就案件中的专门性问题，委托具有鉴定资格的单位（人员）进行鉴定时使用。注意：文书中第二联、第三联中“特委托______”填写鉴定人姓名，如不知道鉴定人姓名，可填写“你单位工作人员”；委托价格认证部门等单位鉴定的，可填写“你单位”。鉴定内容部分应当结合案件具体明确填写。（见附 4）

附 1：询问通知书样式

×××监察委员会

询 问 通 知 书

×监询通〔　　〕　　号

____________________：

根据《中华人民共和国监察法》第二十二条之规定，兹因____________案件，请你于____年____月____日____时持此件及有效身份证件接受询问。

询问地点________________________________

年　月　日

（委印）

附 2：调取证据通知书和清单样式

×××纪律检查委员会

×××监察委员会

调取证据通知书

××纪监调证〔　〕　　号

________________：

根据《中华人民共和国监察法》第十八条第一款、第二十八条第一款和《中国共产党纪律检查委员会工作条例》第三十六条第四款规定，本委需要对在你处的下列证据材料：________________予以调取。请将上列证据材料和调取证据通知书回执于______年____月____日前送交我委。

年　月　日

（委印）

×××纪律检查委员会
×××监察委员会
调取证据清单

编号：　　　　　　　　　　　　　　　　　　　　第　　页 共　　页

序号	名　　称	数量	特征	备注
1	干部 任免审批表	×份	姓名、任免机关、时间	复印件
2	任职文件	×份	文件号： ×委组干［××］×号	复印件

提供单位或者个人：

审查调查人员：

年　月　日

本清单一式两份，一份附卷，一份交提供证据材料的单位或者个人。

附 3：协助查询财产通知书样式

×××纪律检查委员会

×××监察委员会

协助查询财产通知书

×纪监查询〔　　〕　号

________：

因________，根据《中华人民共和国监察法》第二十六条第一款和《中国共产党纪律检查委员会工作条例》第三十六条第四款规定，需查询____。特派本委工作人员________前往你处查询，请予协助。

附件：查询财产的信息

年　月　日

（委印）

附 4：委托鉴定书样式

×××纪律检查委员会

×××监察委员会

委托鉴定书

×纪监委鉴〔 〕 号

__________：

本委办理的__________案件，需要对__________
__________进行鉴定。根据《中华人民共和国监察法》第三十条和《中国共产党纪律检查委员会工作条例》第三十六条第四款之规定，特委托__________为本案鉴定人，请鉴定下列内容：__________
____
______。请及时将书面的鉴定情况和意见送交我委。

年 月 日

（委印）

三、调查措施与证据收集的关系

总体而言，调查措施的使用和证据的收集之间有以下三种关系：

1. 调查措施本身属于生产证据的方式。在调查措施中，谈话、讯问、询问等三种措施会直接形成谈话笔录、讯问笔录、询问笔录等言词证据。

2. 调查措施是证明证据材料和涉案款物来源的方式。在调查措施中，查询、调取、搜查、查封、扣押、冻结、鉴定、勘验检查等八种措施，虽然不直接产生证据，但是属于收集书证、物证、鉴定意见等证据以及保全涉案款物的重要方式，只有手续合法，收集的证据才能合法有效。

3. 调查措施是保障审查调查工作顺利进行的方式。在调查措施中，留置、管护、强制到案、责令候查、通缉、限制出境、技术调查等措施，属于限制人身自由和通信自由的措施，目的是保障被调查人或涉案人员能够到案、接受调查，或者提供突破案件的信息，从而保障审查调查工作的顺利进行。

第三节　证据收集的几个阶段和工作重点

职务犯罪案件证据主要有以下几个特点：一是从证据的结构来看，言词证据较多，实物证据相对较少，主观性强、客观性不足。二是从证据的内容来看，专业性比较强。权力覆盖的范围非常广泛，几乎涉及社会生活的各个领域，而每个领域的权力运行都有自己的特点，需要掌握相关领域的工作流程以及权力干预的环节、方式等。三是从证据获取的时间来看，离行为发生时间较远。与普通刑事案件不同，贪腐案件往往没有被害人，且行为方式隐蔽，违法犯罪事实通常难以第一时间被发现，潜伏期较长，有的长达十几年甚至几十年。审查调查工作有一定的规律性，要经历逐渐深入、事实逐渐清晰的过程。不同的调查阶段，证据收集的重点也不同。

一、初核阶段

初核既是问题线索处置的重要方式，又是开展审查调查的重要环节和基础，对于成案、定案具有重要推动作用。

（一）主要任务和取证重点

初核阶段主要任务是经过核查判明初核对象相关违纪违法问题线索是否真实，是否需要追究纪法责任。取证重点简单讲就是“找人”“找钱”“找事”。其中“找人”是指摸排初核对象的家庭成员和主要社会关系情况，尤其是关系密切的商人（可能的行贿人）和情人等关系人（可能的赃款去向）。“找钱”是指查找家庭财产的异常情况，如可疑房产、大额现金存入等，尤其是关注近亲属等特定关系人名下可疑资产情况，可能为代持资产。“找事”是指从举报线索中梳理出哪些反映集中，问题突出，可查性比较强，尤其是可能成案的有价值的问题线索，并通过核查进一步拓展违纪违法问题线索。

（二）基本流程和工作内容

1. 系统梳理分析研判问题线索，精准选择初核方向。首先要对所有线索进行合理分类。按照线索来源可以分为：信访举报、巡视移交、在押人员检举、审计发现等；按照问题类型可以分为，涉嫌违反政治纪律、中央八项规定精神、组织纪律、廉洁纪律、群众纪律、工作纪律、生活纪律，以及受贿等犯罪问题。然后，在梳理好问题线索基础上，选择初核方向和重点，要综合考虑以下几点：一是问题线索的真实性。是实名举报还是匿名举报；是举报人道听途说的，还是亲身经历的；是有一定情节的还是模糊笼统的，还要结合对象的具体情况来分析研判线索内容是否真实。二是问题线索的严重性。通常涉嫌犯罪的问题线索要重于一般违纪的线索；违纪类型中，违反政治纪律的问题线索要重于其他违纪类型的线索。三是问题线索的可查性。比如某初核对象涉及问题线索类型较多，其中反映其利用职权帮助妻弟承揽工程项目，收受他人好处的线索比较具体集中，也具有可查性。摸排发现，其妻子只有一个弟弟，无正式工作，一直跟随姐姐一家在当地生活，且家庭财产量很大，有多套房产还有大量存现、大额可疑收入，权钱交易的可能性较大。我们将该线索作为初核重点，最终立案后得到印证。需要注意的是，有些问题线索看起来很好，但由于年代久远、重要证人去世等原因，开展核查工作比较困难，不适合作为初核的重点。

2. 依规依纪依法用好初核措施，全面客观收集证据。根据相关规定，初核阶段可以采取谈话、询问、查询、调取、勘验检查、调查实验、鉴定措施，还可以报批后提请有关机关采取技术调查、限制出境措施。通常要开展以下工作：（1）调取初核对象的基础信息。比如干部档案、个人有关事项报告材料等，了解掌握对象的个人经历、家庭情况、性格特点、奖惩情况等。（2）查询、调取相关人员的财产信息。其中要重点关注房产和大额可疑资金来往情况。房产方面除了登记房产外，还要高度重视以下关联地址信息：一是收发快递地址；二是办理银行卡、保险产品等留下的联系地址；三是资金流入的开发商、物业公司、中介公司等暂未知情的地址等。通过这些地址的核查，很有可能发现隐藏房产和行贿人、代持人等重要信息。比如一起案件中，通过查询收发快递信息发现，对象儿子的收件地址中有一处海南三亚的房产，延伸查询发现这处房产位于三亚高档小区，总价上千万元，登记在对象任职地一个房地产商的关系人名下。后来进一步核查发现，该对象和家人每年冬天都去住，每次时间还挺长。最终查实就是受贿房产，只是为了掩人耳目没有落在自己或家人名下。（3）与重要在押人员谈话，核实问题，拓展深挖问题线索。比较而言，在押人员检举揭发的问题线索真实性较强，而且有立功减刑的动机，容易交代问题，所以要高度重视，做好谈话工作，争取获得直接证据。

3. 选准留置相关人员，围绕立案开展谈话突破。在对主要对象立案之前，往往会先留置重要涉案人员，主要是行贿人员，也有特定关系人，来核实有关问题。这一步是立案之前的关键环节。留置对象到案以后，要选择精干力量及时开展谈话，争取迅速突破。这一阶段的谈话与立案后的谈话不同，由于被核查人没有被立案审查调查，被留置对象有的心存顾虑，害怕自己讲了被核查人没有进来怎么办；有的心存侥幸，认为行事隐蔽，只要不讲不容易被发现；有的心存畏惧，担心讲了会面对法律制裁；有的顾忌名声，担心很快讲了出去以后被人嘲笑，以后没法混。我们要根据具体情况，区别对待，有的放矢。在留置对象交代问题后，要及时补充完善其他证据，把立案事实做扎实。

（三）初核阶段收集证据需要注意的问题

1. 加强对大数据信息的穿透式分析。初核阶段往往通过大数据信息查询，会获得海量的数据，很多时候单一看某一数据没有太大价值，但是通过数据的比对、关联、碰撞，会找到很多有价值的关键信息。需要注意的是，与立案后审查调查不同，初核阶段可采用的手段有限，掌握的信息有限，所以一定要大胆假设，小心进行求证。比如银行流水交易对象出现一个新人物，先得初步判断是行贿人、关系人还是其他，再通过多方信息不断求证，即使错了也没关系，排除错的也是一种成绩。初核工作就像在“寻宝”，运气好时可能一下子就挖到宝物了，但更多时候需要持续不断努力，不放弃任何蛛丝马迹。此外，在进行数据分析时一定要注意细节，不能大而化之，比如银行交易流水中“备注”栏，有时会标注资金的具体去向（如购买房产）等信息，对深度挖掘起到重要作用。

2. 注重立案事实中客观证据的作用。在立案事实的选择上，尽量少选择“一对一”收受现金的问题，而是要选择存在客观证据的问题作为突破口，比如以明显低价向请托人购买房产等。这种事实，除了关键人员的言词证据外，还存在书证、物证等客观证据，能够增强事实的真实性和准确性，防止立案后出现“打嘴架”又没有客观证据支持的尴尬境地。需要指出的是，初核阶段正式收集的证据与立案后收集的证据具有同等效力，均可以在刑事诉讼中作为证据使用。

3. 低调稳妥、安全保密。“事以密成、语以泄败”。初核阶段保密要求高，要注意低调隐蔽、审慎稳妥，尽量不去敏感单位实地取证，避免指向明确的单一取证。需要时可以采取一些掩护方式，比如一份文书同时调取多人、多方面的资料，还可以借助正在办理的其他案件为掩护，最大限度不暴露真实目的，以免惊动初核对象。要把办案安全贯穿于初核工作全过程，一般不开展“走读式”谈话，在与在押、留置人员谈话时，要注重做好对象思想政治工作，保障其正常饮食、休息等权利，同时做好突发事项预案，确保不发生任何安全问题。

二、审查调查阶段

（一）审查调查初期

审查调查初期，被审查调查人到案后，内审的主要任务是突破被审查调查人口供，重点核实有关立案事实，及时固定相关证据，同时做好思想工作，为接下来的拓展打下坚实的基础。事实证明，审查调查初始阶段是突破口供的最佳时机，案件成功与否很大程度取决于这个阶段。外查的主要任务是立即开展搜查工作，重点是查封、扣押、冻结有关涉案财物，包括已经转移的物品。

此外，还应及时开展一些基础性取证工作，常见的有以下几种：一是调取被审查调查人的任职和分工文件，明确各任职阶段的时间节点和职责分工，避免谈话取证中出现任职时间和职务错误等问题。二是确定与案件有关的重要时间节点。有的案件中，大量行受贿事实是在婚丧嫁娶、学习考察、治病就医等时间段内进行的，此时应尽早查明相关时间节点，并制作时间图表，分发给全体办案人，可以很大程度提升工作效率，避免出现时间错误的问题。三是确定被审查调查人的居住地点，包括家庭住所和临时住址。如某案件中，被审查调查人交代其受贿主要是在自己家里。经查其房产众多，各个时间段居住房屋均有不同，这种情况下尽早确定其各时间段的居住地点，有利于准确判断收受钱物具体地点。

（二）审查调查中期

审查调查中期，内审的重点是在原有基础上，进一步发现拓展有关违纪违法犯罪问题线索，外查的重点是围绕被审查调查人的口供，开展核实取证工作，全面收集书证、物证等实物证据以及证人证言等言词证据。这个阶段，内审和外查往往会出现不一致的情形，需要随时解决矛盾，逐步形成相互印证、完整稳定的证据链条。

1. 不同种类证据收集的重点。收集言词证据时，要特别注意内容的真实性和稳定性，合理分析采用。收集实物证据时，要发现、查扣与案件密切相关的隐蔽性证据，比如藏匿、转移的赃物、关键书证等；同时要注重其来源的可靠性、提取过程的规范性和保管的完善性，确保“扣押的东西是受贿财物，提交法庭的东西是扣押的东西”。

2. 普通受贿案件的取证重点。受贿案件取证要围绕犯罪构成要件“利用职务便利为他人谋利”和“收受财物”两部分开展。其中，谋利要件的重点是领导干部行使权力的方式、过程、结果，切忌全面调查谋利事项的各方面各环节等过度取证问题。由于权力覆盖领域的广泛性，每个领域都有自己的专业性和特殊性，所以围绕谋利事项取证时首先要搞清楚这个领域权力运行的基本流程、特点等。收受财物要件的重点是收受的时间、地点、过程，财物的来源、特征和去向等。(见下图)

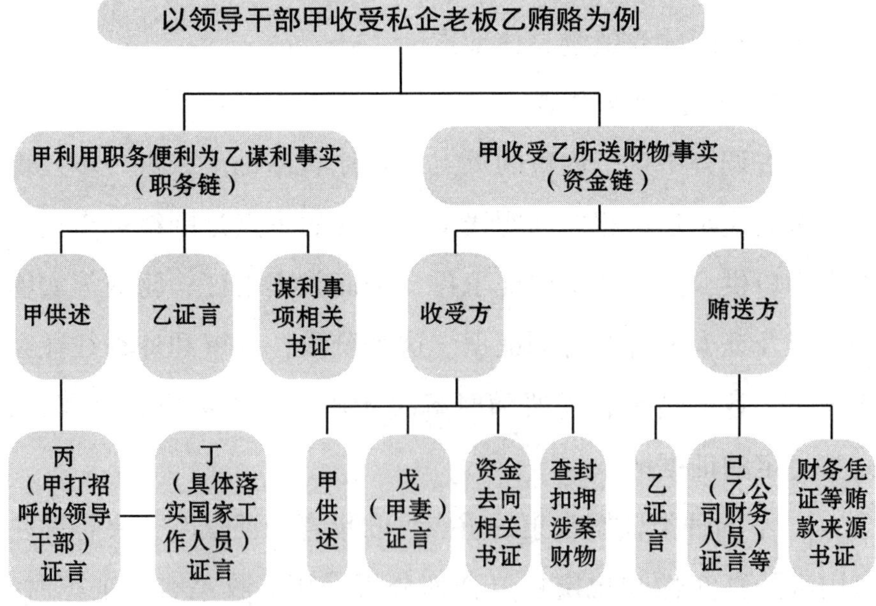

3. 新型腐败和隐性腐败的取证重点。比如“影子公司”“影子股东”案件。实践中，国家工作人员以配偶、子女等亲属或者好友、同学等其他关系人的名义设立公司，自己退居幕后实际控制，利用表面上与其无关的公司或者股东谋取非法利益。此类案件中，证明国家工作人员作为实际控制人是前提。取证要点：（1）公司股东、高管、财务人员与国家工作人员关系，调取公司相关人员的身份资料，查明是否存在隐藏的特殊关系；（2）公司实际权力的归属，比如公司的人事权、财务权、业务决策权等，往往由国家工作人员最终拍板决定；（3）公司承揽的业务与国家工作人员职权之间的关系，“影子公司”通常在业务类型和经营范围与国家工作人员的职权范围密切相关；（4）投资款的来源，有的投资款表面来自持股人，实际来源于国家工作人员；（5）公司收益的流向，“影子公司”的收益往往全部或者部分由国家工作人员实际占有、使用或者根据其意见进行分配。

再如“政商旋转门”类案件。国家工作人员在职期间，利用职务上的便利为请托人谋取利益，但不直接收受财物，而是采取离职后到请托人有关公司工作，以领取“工资”“奖金”等方式变相收受财物。比如，中国证监会原法律部副主任吴某舫从证监会离职后，仍利用曾担任职务职权形成的便利条件，继续谋取所谓“投资机会”，是政商旋转门腐败的典型。取证要点：（1）在职时为请托人谋取利益的证据，包括谋利的过程、请托人获得的利益等；（2）离职后到私企工作收受异常

“报酬”的证据，比如未实际工作而获得的收入，超过同岗位正常薪资标准的工资、奖金，以及其他以“顾问费”等名义发放的收入；（3）离职后不正当收入与在职时的职务行为之间的因果关系，比如行受贿双方事先约定离职后的工作安排和收入作为在职时帮忙的对价，或者没有明确约定但双方“心照不宣”、默示同意。

（三）审查调查后期

审查调查后期，证据体系基本形成，主要任务是查漏补缺，进一步补强完善证据，达到案件审理和刑事审判的标准和要求。最后，将证据材料装订成卷，其中涉嫌犯罪事实部分的证据要单独立卷。

证据卷（违纪）排序：违反政治纪律、违反中央八项规定精神、违反组织纪律、违反廉洁纪律、违反群众纪律、违反工作纪律、违反生活纪律、一般违法行为。

证据卷（移送）排序：被审查调查人主体身份，立案、留置等法律文书，综合笔录，涉嫌犯罪事实，涉案财物搜查、扣押等手续等。其中，涉嫌犯罪事实部分，以受贿犯罪为例，通常按照金额从大到小排序，每一起行受贿事实中，按照先言证后书证顺序，其中言证部分，受贿人讯问笔录、行贿人询问笔录、谋利事实证人笔录（多个证人按照逻辑顺序排）、收受财物证人笔录等；书证部分，谋利书证、收受财物书证、证人主体身份书证、公司工商登记资料等。

立卷装订时应注意以下要求：

1. 每一本卷装订顺序为：卷皮、目录、事实材料、备考表。

2. 原则上一本卷厚度不超过 1.5 厘米，页数一般不超过 100 页。

3. 证据材料一般使用 A4 纸张，超出部分可折成 A4 大小，不足的应粘贴到 A4 纸张后入卷。

4. 装订横版材料时，一般纸头统一朝装订线一侧。

第四节　特别程序证据收集的基本要求

在《刑事诉讼法》中，还有两类特别程序与职务犯罪案件有关：一类是“犯罪嫌疑人、被告人逃匿、死亡案件违法所得的没收程序”；另一类是“缺席审判程序”。这两类案件中，由于被调查人不在案，取证的内容和重点与普通程序有所不同。此外，还有一种情况是涉案人员在境外不想或者无法回国的，取证要求也与普通程序有所区别。

一、违法所得没收案件

在司法实践中，有一些贪贿案件的被调查人在案发前先将违法所得转移至境外，之后潜逃境外，或者得知事情败露后，一死了之，既保住其他涉案人员，又将大量腐败资产留给子孙后代。为严密法网，2012 年《刑事诉讼法》设立了违法所得没收程序：“对于贪污贿赂犯罪、恐怖活动犯罪等重大犯罪案件，犯罪嫌疑人、被告人逃匿，在通缉一年后不能到案，或者犯罪嫌疑人、被告人死亡，依照刑法规定应当追缴其违法所得及其他涉案财产的，人民检察院可以向人民法院提出没收违法所得的申请。”为有效衔接司法，《监察法》第五十五条规定：“被调查人逃匿，在通缉一年后不能到案，或者死亡的，由监察机关提请人民检察院依照法定程序，向人民法院提出没收违法所得的申请。”

1. 违法所得的界定

广义的违法所得包括刑法意义上的违法所得，也包括民法、行政法以及监察法意义上的违法所得；而狭义的违法所得仅指刑法意义上的犯罪所得。《联合国反腐败公约》中对犯罪所得进行了界定，即通过实施犯罪而直接或间接产生或者获得的任何财产。[①] 2017 年最高人民法院、最高人民检察院颁布的《关于适用犯罪嫌疑人、被告人逃匿、死亡案件违法所得没收程序若干问题的规定》（以下简称《没收程序规定》）具体规定了我国违法所得的三种形态：（1）原始的违法所得，如收受的金钱；（2）转变、转化形态的违法所得，如用收受的金钱购买的汽车、住房等；（3）收益形态的违法所得，包括来自违法所得的财产收益，如用收受的金钱投资所得的收益，也包括混合财产中违法所得相应部分的收益。如用收受的 200 万元和合法

---

① 参见陈光中主编：《联合国打击跨国有组织犯罪公约和反腐败公约程序问题研究》，中国政法大学出版社 2007 年版，第 423 页。

所得的100万元共同购买的一套房产，那么200万元违法所得所对应的房屋增值部分也应予以追缴。实践中，要注意区分违法所得的追缴和违纪违法金额的认定之间的关系。通常情况下，违法所得追缴金额要大于认定的数额。

2. 与普通职务犯罪案件的区别

违法所得没收案件与普通职务犯罪案件有着很大的不同，主要体现在以下几个方面：

（1）性质不同。普通职务犯罪案件采取的是“对人的定罪量刑+对涉案财物的处理”，而违法所得没收案件采取的是“在未定罪的情况下对涉案财物的处理”。

（2）诉讼主体不同。普通职务犯罪案件的诉讼主体是检察机关和犯罪嫌疑人、被告人，而违法所得案件中，犯罪嫌疑人、被告人因逃匿或死亡不在案，而被调查人的近亲属以及其他对申请没收的财产拥有权利（包括所有权、担保物权等）的利害关系人可以申请参加诉讼主张权利。

（3）证明标准不同。普通职务犯罪案件，由于涉及对人的定罪量刑，所以必须达到“排除合理怀疑”的证明标准，而违法所得没收案件不涉及定罪量刑的问题，只是关于涉案财物的处理。根据《没收程序规定》，违法所得没收案件采取两层次的证明标准，对于犯罪事实，由于被调查人不在案，过于严格标准会导致没法没收，所以从实际出发，司法解释规定了只需达到“有证据证明”的证明标准；而对于申请没收的财产与犯罪事实的关联性，采取的是“高度盖然性”民事诉讼的证明标准。

（4）违法所得追缴范围不同。普通职务犯罪案件中，如果违法所得因被消费、遗失、销毁、贬值等原因全部或部分不能追缴时，可以等价追缴相应的金额；而违法所得没收案件，没收的范围限于已经查封、扣押、冻结的涉案财物，对于合法所得不能等价没收。

（5）法律文书不同。普通职务犯罪案件中，监察机关出具《起诉意见书》，检察机关出具《起诉书》，而违法所得没收案件中，监察机关出具的是《没收违法所得意见书》，检察机关出具的是《没收违法所得申请书》。相关文书的内容也有特殊性，主要包括：被调查人的基本情况；案由及案件来源；被调查人涉嫌犯罪的事实；被调查人逃匿、死亡的有关情况；申请没收的财产情况，包括查封、扣押、冻结财产的种类、数量、价值、所在地等；申请没收的财产属于违法所得等涉案财产的事实；申请没收违法所得的理由和依据；有无利害关系人以及利害关系人的有关情况等。

3. 证据收集的基本要求

（1）收集证明犯罪事实情况的证据。犯罪事实的存在是没收违法所得的前提和基础，所以审查调查中，应收集被调查人实施职务犯罪的有关证据，能够证明行为的客观违法性即可，主观有责性不是证明对象的必要内容。

（2）收集证明违法所得相关情况的证据。审查调查中，应注意及时扣押、查封、冻结有关涉案财物，并收集申请没收的财物属于行为人实施受贿、贪污、巨额财产来源不明等犯罪所得的相关证据。有利害关系人的，要收集相关证言，将利害关系人有证据证明的合法财产排除在申请没收之外。

（3）收集证明被调查人逃匿或死亡等情况的证据。“逃匿”案件中，需要办理通缉手续，即公安机关发布的通缉令或者公安部通过国际刑警组织发布的红色国际通报。“死亡”案件中，要有相关政府部门出具的死亡证明。

4. 典型案例

（1）任润厚（死亡）违法所得没收案。任润厚，山西省原副省长。2014 年 8 月，任润厚因涉嫌严重违纪违法，接受组织调查，同年 9 月因病死亡。2016 年 12 月，扬州市检察院依法提出没收任润厚涉嫌受贿、巨额财产来源不明违法所得的申请。2017 年 7 月，江苏省扬州市中级人民法院经审理，依法裁定没收任润厚违法所得。[1] 案件判决后，社会反响很大。该案是全国第一例对省部级领导干部启动违法所得没收程序的案件，第一例对检察机关立案前死亡的犯罪嫌疑人启动没收程序的案件和第一例对涉嫌巨额财产来源不明犯罪违法所得启动没收程序的案件。该案被江苏省高级人民法院评为 2017 年十大经典案例第一位。

（2）李华波（逃匿）违法所得没收案。李华波，江西省

① 参见《任润厚违法所得没收申请案宣判》，载《北京日报》2017 年 7 月 26 日。

鄱阳县财政局经济建设股原股长，2011 年 1 月，因涉嫌贪污 9400 万元公款逃往新加坡。2013 年 3 月，江西省上饶市检察院向上饶市中级人民法院提出《没收违法所得申请书》。2015 年 3 月，上饶市中级人民法院依法裁定没收其违法所得。据报道，该案系没收潜逃境外贪官违法所得第一案。[①]

（3）蒋谦（逃匿）违法所得没收案。蒋谦，百名红通人员第 65 号，武汉城市排水发展公司拆迁协调部原部长。2011 年，因涉嫌贪污和滥用职权罪逃往加拿大。2015 年，武汉市中级人民法院依法裁定没收蒋谦 1400 多万元违法所得（大部分扣押在案，尚未转移），经济来源被切断后促成了 2016 年蒋谦回国自首。[②]

（4）彭旭峰、贾斯语（逃匿）违法所得没收案。彭旭峰，长沙市住建委原副主任、长沙市轨道交通集团公司原董事长。2017 年 3 月，彭旭峰因涉嫌受贿 2.3899 亿余元人民币和 12 万美元，其妻贾斯语涉嫌受贿和洗钱犯罪，逃匿境外。2020 年 1 月，湖南省岳阳中级人民法院依法审理后裁定没收彭旭峰、贾斯语在境内的违法所得 1.0389 亿余元、黄金制品以及在澳大利亚、新加坡等国家共计 5 处房产、250 万欧元国债、50 万余美元，不足部分继续追缴。该案的重要意义在于既裁定没收境

---

① 参见《检察院申请没收外逃贪官违法所得第一案》，中央纪委网站，2014 年 8 月 30 日。

② 参见《百名红通人员蒋谦回国投案自首》，中央纪委网站，2016 年 9 月 23 日。

内违法所得，又没收境外违法所得，追逃追赃力度进一步增强。[①]

（5）白静（逃匿）违法所得没收案。白静，A国有银行金融市场部投资中心本币投资处原处长。2013年7月，白静因涉嫌犯罪逃匿境外。2019年2月，内蒙古自治区监委以涉嫌贪污罪对白静立案调查。同年5月，自治区监委向自治区检察院移送违法所得没收意见书。同年6月，呼和浩特市检察院向呼市中级人民法院提出没收违法所得申请。2020年11月，法院经审理作出违法所得没收裁定，依法没收白静使用贪污违法所得1.45亿余元购买的9套房产。该案犯罪手段隐蔽、证据复杂、专业性强，庭审中检察机关申请鉴定人出庭，对白静操作债券交易过程和违法资金流向等进行全面分析，有力证明了白静贪污犯罪事实及贪污所得流向，取得很好效果。[②]

二、缺席审判案件

我国的缺席审判制度，是2018年修订《刑事诉讼法》时设立的一项制度。该制度的确立，丰富和完善了我国反腐败斗争的手段，有利于进一步加强追逃追赃工作力度。《刑事诉讼法》第二百九十一条规定："对于贪污贿赂犯罪案件，以及需要及时进行审判，经最高人民检察院核准的严重危害国家安全

① 参见《人跑了，违法所得照样一追到底》，中央纪委国家监委网站，2020年1月4日。

② 参见最高人民检察院2021年12月发布的第三十二批指导性案例。

犯罪、恐怖活动犯罪案件，犯罪嫌疑人、被告人在境外，监察机关、公安机关移送起诉，人民检察院认为犯罪事实已经查清，证据确实、充分，依法应当追究刑事责任的，可以向人民法院提起公诉。”

1. 缺席审判的适用范围。根据法律规定，适用范围主要是贪污贿赂等犯罪案件中，被审查调查人潜逃境外的。其中，贪污贿赂犯罪案件，不单指犯贪污罪和受贿罪，而是包括贪污罪、挪用公款罪、受贿罪、行贿罪、巨额财产来源不明罪、隐瞒境外存款罪等。

此外，根据法律规定，一些特殊情形下也可以缺席审判，具体包括：（1）被告人患有严重疾病无法出庭，中止审理超过六个月，被告人及其法定代理人、近亲属申请或者同意恢复审理；（2）被告人死亡，但有证据证明被告人无罪的，人民法院可以缺席审判作出无罪判决；（3）人民法院按照审判监督程序重新审判的案件，被告人死亡的，可以缺席审理，依法作出判决。

2. 证据收集的基本要求

（1）收集证明犯罪事实的证据。虽然被审查调查人不在境内，难以收集其本人的供述，但仍然要按照刑事审判的证据标准和要求收集、固定证据，且要达到“犯罪事实清楚，证据确实、充分”的程度。

（2）收集证明被审查调查人在境外等情况的证据。在境外，主要指被审查调查人犯罪后潜逃出境，或者由于其他原因出境后滞留不归。如果只是逃匿，并未出境，则应当采取措施缉拿归案，不属于适用该程序的范围。审查调查中，应注意收集被审查调查人在境外的相关证据材料，如出入境管理部门登记信息、有关证人证言等。

目前，我国司法实践中已经有了首起刑事缺席审判案。2022年1月17日，郑州市中级人民法院对外逃20年的“百名红通人员”河南省漯河市委原书记、豫港（集团）有限公司原董事长程三昌贪污案进行公开宣判，以贪污罪判处程三昌有期徒刑十二年，并处罚金五十万元；追缴其贪污犯罪所得依法予以返还。[①] 将来条件成熟时，应由相关部门研究制定实施细则，或者发布指导性案例，推动缺席审判程序真正落地。

三、涉案人境外案件

近年来，有些案件出现涉案人逃到国（境）外不愿回来作证，或者因为其他原因无法回国等情况，导致案件无法继续推进或者证据达不到移送的标准。对于案发时涉案人在境外的，一方面应积极稳妥做其思想工作，尽可能劝其入境配合调查，然后采用常规的方式取证；另一方面，对于确因客观原因无法入境配合取证的，可以通过刑事司法协助方式。根据相关规定，由境外具有司法权的机关及其工作人员按照程序提取证据材料；这些材料经过“一公证二认证”，即境外的公证机关证

① 根据报道，2001年2月，原豫港集团公司董事长程三昌涉嫌贪污公款308万余元后逃往境外。经河南省郑州市监委调查终结，移送审查起诉。2020年9月，郑州市人民检察院对程三昌适用缺席审判程序提起公诉。2021年12月9日，郑州市中级人民法院公开审理。

明，所在国中央外交主管机关或者授权机关认证，并经我国驻该国使领馆认证后，才能作为定案的证据。

此外，实践中有时也采取“涉案人境外自书+同录，邮寄或委托人员带回境内”方式。具体操作流程如下：

（1）在正式书写自书材料前，与涉案人沟通做好准备工作，比如让其准备纸笔、录音录像设备、密封袋等，强调自书材料的形式要求等，周密考虑每个细节，争取一次成功。

（2）涉案人在境外选择合适的时间、地点（无干扰的环境）自行书写说明材料，并将该过程录音录像。涉案人在书写过程中或之后，可以简单口述个人基本情况，不能入境原因，以及案件关键事实等，表示自愿书写材料，委托某人转交等。

（3）涉案人完成自书后，将自书材料、同录视频、委托书等装袋密封后，由专人带回境内或邮寄给境内特定人员。

（4）受委托人入境或收到材料后，由调查人员在同录的情况下，现场出具法律文书，接收相关材料，并制作询问笔录：一是固定受托人接受委托的事项及送达过程，二是现场播放涉案人境外录制的自书视频，由受托人辨认是否为涉案人本人，以及确认自书材料等是否为涉案人笔迹，进一步印证自书的真实性。

第五章
证据的审查

证据的收集与审查是密不可分的两个部分，一方面，证据收集为审查提供材料，无论是纪检监察机关案件审理部门的审查还是司法机关的审查，所提出的意见必须以已收集的证据为依据；另一方面，证据的审查为收集证据提供标准和方向，收集到的证据必须满足纪律和法律审查的要求。

第一节　证据审查的三种类型

根据案件阶段的不同，纪检监察机关查办案件中的证据审查，可以分为三种：审查调查中的证据审查、案件审理部门的证据审查和司法机关的证据审查。三者有共同点，也存在很大的不同。

一、审查调查中的证据审查

审查调查中的证据审查，又称为“预审理”，是指案件正式移送审理前，专案组内部进行的审核把关。其犹如一道证据“防火墙”，合格的通过，不合格的留下，确保收集的证据合法有效，能够达到案件审理和刑事审判的标准。其具有以下特点：

1. 审查把关的同步性。同步审核把关审查调查中的证据材料，既包括涉嫌职务犯罪的证据，也包括涉嫌违纪、职务违法事实的证据；既包括被审查调查人供述和辩解、证人证言等言词证据，也包括物证、书证等实物证据；既包括证据形式的问题，也包括证据内容的问题。办案人员收到审核发现的问题后，可以第一时间完善证据。

2. 引导取证的及时性。对于发现的违纪违法线索，要及时梳理分析，引导取证方向；对案件办理中涉及的罪与非罪、此罪与彼罪、违纪与违法等疑难复杂问题，及时研究论证，提出取证建议。例如，某领导干部交代将自己钱款借给某私营企业主，每年收取固定利息。此时，就需要结合有无借款需求、利息的高低、双方有无请托谋利事项等综合判断，是属于一般违纪还是职务犯罪行为。

3. 沟通联络的顺畅性。审查调查中的证据审查组，负责专案组内部各小组的沟通联络以及专案组外部与审理和司法机关的接洽。内外沟通是否顺畅，会直接影响办案的质量和效率。

审查调查阶段的证据审查，虽然不是必经流程，但有着不可替代的价值：一是取证的及时性要求。证据可能稍纵即逝，需要第一时间取证到位。二是取证的精准性要求。审查调查工作是精细工作，不能大而化之，要把问题尽可能解决在审查调查阶段，减少不合格的证据流向下一环节。实践中，中央纪委国家监委和部分地方纪检监察机关已经在审查调查中配置专门的证据审核组或者证据审核人员，案件的质量得到很大提升。在组织设置上，这些证据审核人员虽然都在审查调查组内部，但相对独立于其他审查调查人员，能够客观中立分析案情，把关证据。

二、案件审理部门的证据审查

案件审理是纪检监察工作的重要环节，是审查调查工作结束后接受检验的第一道关口。实践中，有的地方对审理工作不够重视，认为审理是“走过场”“走程序”，为案件质量留下很大隐患。2019 年，中央纪委办公厅印发《关于加强和改进案件审理工作的意见》，其中一项重要要求就是，审理部门和审查调查部门要共同对案件质量负责。审理部门的审查具有以下特点：

1. 全面审查。案件审理部门按照“事实清楚、证据确凿、定性准确、处理恰当、手续完备、程序合规”24 字方针，全面审查案件，既包括违纪问题，也包括职务违法、职务犯罪问题；既包括实体性问题，也包括程序性问题；既包括案件事实证据，也包括涉案款物问题。

2. 审理与审查调查分离。根据内部监督制约的原则，审查调查人员不得参与审理，而审理人员参与案件前期审查调查工作的，则移送审理后不得参与该案审理。这样，可避免审理人员先入为主，以确保审理人员客观公正审查案件。此外，根据规定，有两种情形审理人员可以提前介入审查调查工作：一类是重大、复杂、疑难案件，已查清主要违纪、职务违法、职务犯罪事实，并提出倾向性意见；另一类是对涉嫌违纪、职务违法、职务犯罪行为性质认定存在较大分歧的案件。审理部门提前介入，可以提前发现并解决问题，进一步完善证据，准确认定性质。

3. 退回补充审查调查、退回重新审查调查。根据规定，审理部门经过审查，对于需要补充完善证据的，经批准可退回补充审查调查；对于主要事实不清、证据不足的，经批准可退回重新审查调查。

三、司法机关的证据审查

根据规定，对于涉嫌职务犯罪的案件，纪检监察机关要将案件移送检察机关审查提起公诉。检察机关的审查是刑事诉讼的重要环节，也是案件证据进入法庭前的最后一道关口。检察机关的审查具有以下特点：

1. 内容限于涉嫌职务犯罪问题。检察机关严格按照《监察法》《刑法》《刑事诉讼法》审查证据，对涉嫌职务犯罪问题的证据调取、事实认定、定性处理、程序手续以及法律适用等方面进行全面审查，并提出审查意见，进一步补充完善证据。

2. 证据合法性问题是审查的重点。根据相关规定，检察机关认为可能存在以暴力、威胁等非法方法收集证据情形的，可以要求监察机关对证据收集的合法性作出书面说明，还可以商请监察机关调取有关录音录像资料。另外，在法庭审理过程中，审判人员认为需要进行法庭调查的，公诉人可以提请法庭通知调查人员出庭说明情况，对证据收集的合法性加以证明。

3. 退回补充调查或自行补充侦查。根据规定，检察机关对于监察机关移送的案件，认为需要补充调查的，应当退回监察机关补充调查，必要时也可自行补充侦查。检察机关自行补充侦查主要适用于以下情形：证人证言、犯罪嫌疑人供述和辩解、被害人陈述的内容主要情节一致，个别情节不一致的；物证、书证等证据材料需要补充鉴定的；其他由检察机关查证更为便利、更有效率、更有利于查清案件事实的情形。

综上，审查调查中的证据审查与审理部门的证据审查、司法机关的证据审查，三者的共同点都是把关证据，以确定实体上是否充分、程序上是否合法。三者的最大不同是审理部门、司法机关都是事后审，是在审查调查部门证据材料形成之后的审查把关，而审查调查中的证据审查是事中审，是边取证边审核。简单讲，审查调查中的证据审查是一个证据由无到有、由粗到细的过程，就像盖房子时附带装修，但这个装修不一定那么精美；而审理部门和司法机关的审查，是一个证据更加精准、证据体系更加完善的过程，就像“精装修”，经过补充完善，最终达到刑事审判的标准和要求。

第二节　证据审查的基本方法及常见问题

证据审查人员应当本着实事求是的原则，客观公正地审查把关证据，提出审核意见。在具体审查过程中，要坚持“走进去”和“跳出来”相结合，既能走进去，审查每份证据材料是否符合要求；又能跳出来，把握全案的定性处理是否准确。

一、单份证据的审核把关

1. 是否符合证据“三性”要求

证据“三性”，即客观性（真实性）、关联性、合法性（合规性）。“三性”不是空洞的理论，而是要落实到具体收集和审查证据当中。客观性，要求收集的证据是客观、真实的，而不是伪造、变造的，这是证据的前提和基础。职务犯罪案件的特点是高度依赖言词证据。一方面，口供等言词证据可以直接证明案件事实，证明力强；另一方面，言词证据由于受谈话对象记忆力、精神状态、配合程度等影响较大，具有易变性，容易失真。办案中，需要重点鉴别，常通过以下几种方式：一是看供述的细节，时间、地点、过程等，是否合理可信；二是看供述的稳定性，多次供述的内容是否一致；三是看供述能否和其他证据相印证，尤其是书证、物证等客观证据。

关联性，要求收集的证据必须与待证事实有逻辑上的联系，对待证事实有证明作用，能够使要件事实更可能或更不可能。无论是笔录还是书证、物证等，都要有关联性，没有关联性的证据材料没有价值。比如，办案中收集的涉案企业工商登记资料，往往简单化全部调取入卷，实际上与案件事实有关的材料很少，给后续阅卷带来较大不便。

合法性（合规性），要求按照规定的程序和要求来调查取证，具体分为主体合法（合规）、程序合法（合规）、手段合法（合规）等。

2. 是否规范、全面、精准

规范，主要体现在证据形式上，包括文书的填写、笔录的制作、书证的调取等，必须严格按要求，不能根据自己的理解随意进行。

全面，是指不仅要收集能够证实被调查人涉嫌违纪或者职务违法犯罪的证据，也要收集证明其不构成，以及情节轻重的证据，不能选择性取证。

精准，要求取证不能大而化之，具体包括两方面，一方面认定的违纪违法犯罪事实都有相应的证据支撑，防止少而不准；另一方面与违纪违法犯罪无关的证据材料尽量少取或者不取，防止多而不精。以受贿犯罪为例，取证不够精准问题主要体现为取证不到位和取证过度两个方面。（见附 1）

附 1：

受贿犯罪取证常见问题

	谋取利益	收受财物	其他方面
取证不到位	对于书证、证人证言反映的关键知情人、参与人没有谈话取证，或者没有达到构成要件的标准。	（1）没有核实行受贿双方是否存在投资、债权债务、人情往来等经济关系。（2）数额大的行受贿事实缺少贿款来源的证据。（3）赃款去向仅有相关人员交代，对于购买房产等投资，没有查明孳息数额等问题。	（1）主体身份，对于涉案公司实际控制人，没有向该公司法定代表人、股东等核实其真实身份。（2）自书材料，重要的言词证据仅有一份笔录，也无自书材料进行强化。（3）鉴定意见，没有向相关人员出示，并告知有权申请重新鉴定。
过度取证	没有重点围绕国家工作人员权力行使来展开，而是全面调查谋利事项的各方面各环节。	（1）对收受财物以外的其他行为都详细记录，导致重点不突出。（2）对收受的小额现金也反复核对款项来源。（3）就某一事实中的多次行受贿行为，均单独制作笔录，导致笔录过多过散。	（1）主体身份，未加选择的全面调取涉案企业工商登记资料。（2）自书材料，每份笔录后都要求谈话对象自行书写说明材料。（3）法律文书，对同一证人的多次谈话，每次都使用《询问通知书》《权利义务告知书》。（4）捺指印，笔录中捺指印过多。

二、多份证据的分析比对

多份证据的分析比对，主要针对的是单笔事实中多份证据的审查，以排除言词证据之间、言词证据和实物证据之间的矛盾，最终形成“相互印证、完整稳定的证据链”。

相互印证、完整稳定，是《监察法》《监督执纪工作规则》明确规定的标准和要求。其中，“相互印证”是指两个以上具有独立信息来源的证据，对各自的真实性和可靠性作出的验证，通常发生在两个以上证据之间，由于在所包含的事实信息方面出现了重合或者交叉，这些事实信息的真实性即得到证明。“完整稳定”是指证明待证事实的证据体系是完整的，没有遗漏重要证据；被审查调查人供述等言词证据是稳定的，不存在反复变化的情形。在审查证据时，一般会制作证据分析比对表。(见附 2)

审查调查中，有时会遇到被审查调查人供述与证人证言就某一具体事实或情节供证不一致的情形，此时的处理要遵循以下原则：

1. 实物证据优先原则。与言词证据相比，书证、物证等实物证据在关键时候更有助于我们判断案件事实。比如有一起事实，行受贿双方除贿送金额有差异外，其余事实供证一致。其中，行贿方交代一次送了 300 万元，而受贿方只承认收受 200 万元。后来通过查明贿款来源，发现行贿人公司在此前只有 200 万元的取现记录。通过进一步谈话核实发现，因为行贿人不满意受贿人收钱未办成事而故意说谎。

需要注意的是，强调实物证据的优先性，但不能一律以实物证据否定言词证据，有些实物证据也存在失真风险，比如房管部门调取的二手房交易合同的金额，往往出于避税等考虑，与真实交易的价格存在不小的差距；还有的为了逃避调查，签订虚假的借条，试图把行受贿事实伪造成借贷法律关系。

2. 就低不就高的原则。适用于主要事实清楚、供证基本一致，但一方交代金额少、另一方交代金额多的情形，此时应就低认定。需要说明的是，就低是指双方交代有交集的部分，而不是单纯数额的低，比如行贿人交代是20万美元，受贿人交代是10万欧元，此时由于币种不同，基本事实不清楚，就不能简单地折算后就低认定。

3. 存疑有利于被审查调查人原则。供证不一致，且没有其他证据佐证时，不予认定。需要注意的是，在适用该原则时“存疑”二字不能省。存疑是因为证据问题导致事实不清楚，而不能扩大化理解，对法律适用等方面争议的问题都简单化有利于被审查调查人来处理，要坚持实事求是，做到不枉不纵。

附 2：证据分析比对表（以受贿犯罪为例）

关于××收受××贿赂情况证据比对表

<table>
<tr><td colspan="9">基本事实：……</td></tr>
<tr><td colspan="2" rowspan="2">证据
事实</td><td colspan="2">受贿人</td><td rowspan="2">行贿人</td><td rowspan="2">相关
证人</td><td rowspan="2">书证、
物证等</td><td rowspan="2">证据分析
比对</td><td rowspan="2">取证
建议</td></tr>
<tr><td></td><td></td></tr>
<tr><td>谋取
利益</td><td></td><td colspan="2"></td><td></td><td></td><td></td><td></td><td rowspan="2"></td></tr>
<tr><td>收受
财物</td><td></td><td colspan="2"></td><td></td><td></td><td></td><td></td></tr>
</table>

三、全案证据的综合审查

单份证据和单笔事实证据的审查完成后，还要对全案事实有一个综合性审查，主要包括两方面内容：

1. 有无欠缺内容。审查调查中收集的证据，除了定罪事实的证据外，还要收集影响量刑轻重的证据。比如，办案机关应当就案发经过，包括被审查调查人到案情况、案件突破过程等，以及被审查调查人是否具有自首、坦白、立功、主动上交、退赔涉案财物等情况提供说明，并逐笔逐项列出对应事实。对有关涉罪事实应当写明哪些属于组织之前已掌握，哪些属于组织不掌握。对具有立功情节的，一般应写明检举揭发他人犯罪的事实及查证情况，并提供有关机关查证情况的证据，如立案、公诉或审判等相应法律文书。此外，还要审查程序性证据是否收集到位，如立案、留置等手续是否完备，涉案款物是否追缴到位等。

2. 能否达到相应的证明标准。违纪、职务违法和职务犯罪的证明标准总体上是一致的，都要求达到“事实清楚，证据确实、充分”的法定证明标准。其中，违纪案件要求综合全案证据，所认定事实“明确合理可信”；而职务违法案件要求事实“清晰且令人信服”；就职务犯罪而言，主要看综合全案证据后是否可以“排除合理怀疑”。需要强调的是，合理怀疑不是一切都怀疑，而是要符合逻辑推理和日常生活经验。[①]

---

① 参见李亚群：《审查调查证据实务》，中国方正出版社2023年版，第39—45页。

第三节　言词证据的审查重点

由于言词证据有着主观性和易变性的特点，审查证据时应重点关注证据的真实性问题。

一、被审查调查人供述和辩解

在违纪、职务违法和职务犯罪案件中，被审查调查人的供述和辩解在整个证据体系中占据着十分重要的地位，因此对其的审查判断应作为重中之重，重点把握以下内容：

（一）讯问（谈话）活动的合法性

1. 措施的使用。审查调查工作中，针对被审查调查人的谈话类措施主要有两种：一种是讯问，适用于“涉嫌贪污贿赂、失职渎职等职务犯罪的被调查人”；另一种是谈话，适用于“可能存在违纪或者职务违法的监督对象”。所以，要审核是否正确使用讯问和谈话措施。实践中，有的同志对涉嫌职务犯罪的对象立案后使用《谈话笔录》，影响到证据的效力。

2. 讯问（谈话）主体。根据相关规定，讯问（谈话）活动的主体必须是两名以上纪检监察机关工作人员，借调同志必须办理正式借调手续，讯问（谈话）结束后，讯问（谈话）人员应在笔录相应位置签字，注明日期。审核时，要注意有无一人讯问（谈话），或者同一工作人员同一时间对不同对象进行讯问（谈话），以及签字是否符合要求等情况。

3. 讯问（谈话）时间、地点。①时间。根据相关规定，未采取留置措施的，单次谈话不得超过十小时（饮食和必要的休息除外），不得以连续谈话的方式变相留置。已采取留置措施的，单次谈话不得超过六小时。一般情况下，不得安排在零点至凌晨六点之间谈话。②地点。谈话一般应当在本级纪检监察机关留置场所进行，根据工作需要也可以在下级纪检监察机关的留置场所或者设置在公安机关的留置场所进行。与未被留置的被审查调查人谈话的，应当在具备安全保障条件的场所进行。

4. 讯问（谈话）的方式。①是否个别进行。对被审查调查人和涉案人的讯问（谈话）应当个别进行，防止出现一同讯问（谈话）导致的串供、翻供等情形。②首次讯问（谈话）时是否告知权利和法律规定，是否出示《被调查人权利义务告知书》，并让其在文书相应位置上签名、捺指印。被讯问（谈话）人拒绝签名、捺指印的，调查人员应当在文书上记明。③是否采取非法方法。非法方法包括刑讯逼供、威胁、引诱、欺骗等。

（二）讯问（谈话）内容的真实性

1. 前后供述是否一致。如果被审查调查人就同一问题的多次供述是一致的，不能简单说明其供述就是真实的，还得结合其他证据综合判断。但是如果其前后供述相互矛盾，则供述必然存在问题，需要其对多次供述的变化及矛盾点进行合理解释。比如，被审查调查人在首次供述时交代，其曾帮助某私营企业主承揽工程，并收受该老板所送现金100万元人民币，而在后面的供述中将受贿金额变为15万美元。此时，就要重点审核该对象口供变化的原因，以及能否对此作出合理的解释。

2. 辩解是否合理。被审查调查人在讯问时存在辩解，是审查调查中常遇到的情况。实践中，有些同志不能正确对待被审查调查人的辩解，一味采取“堵”的方式，不让被审查调查人讲，即使讲了也不予以记录。其实，被审查调查人的辩解是全面了解案情，尤其是了解其主观方面的重要途径。对于合理的辩解应实事求是地记录，采取“疏”的方式进行解决，该核实的进行核实，不留疑点。

3. 与其他证据是否存在矛盾。虽然被审查调查人的供述和辩解在违纪、职务违法和职务犯罪案件的证据体系中处于关键地位，但由于主客观的原因被审查调查人的供述不一定准确无误。如果被审查调查人的供述与其他证据存在矛盾，尤其是与书证、物证等客观证据不一致时，必须高度重视，审慎采纳。比如，被审查调查人交代收受他人一块百达翡丽手表放在家中，而搜查时只扣押到一块劳力士手表，此时应由其进行解释，是记忆错误还是另有去向。此外，还要注意核实笔录与同步录音录像、自书材料是否一致，尤其是内容是否存在实质性差异。

（三）讯问（谈话）内容的关联性和全面性

1. 关联性。讯问（谈话）笔录中是否有与待证事实没有关系的内容，这些内容起不到相应的证明作用，不符合关联性的要求。比如，一份首次讯问笔录中，办案人员将谈话对象的家庭成员及所有亲属（七大姑八大姨）情况逐一记录，其中绝大多数人员与案件无关。

此外，笔录中纪法事实应当尽量分开，做到“一事一供”。比如，被审查调查人在接受宴请时认识行贿人。在受贿笔录认识过程部分，办案人员把接受宴请的过程记录得非常详细，包括饭店的装修、吃的菜肴、喝的酒水等，而没有把违纪事实单独制作笔录，这也违反了关联性的基本要求。

2. 全面性。讯问（谈话）笔录除了符合证据“三性”要求外，还要全面，满足违纪、职务违法或职务犯罪的构成要件要求。比如，受贿案件的讯问笔录，应当围绕受贿犯罪构成要件记录完整。其中，客观方面谋利事实的重点是如何请托，向谁打招呼、如何打招呼、结果怎样；收受财物事实的重点是行受贿的过程，包括时间、地点如何确定，行贿人贿送钱物时是如何讲的，受贿人的态度，赃款去向等。主观方面，重点是犯罪的动机、目的等。动机是行为的起因，目的是行为所追求的结果。同样是受贿行为，不同人目的相同，动机可能不同，比如有的是因为生活所迫，有的纯粹是为了满足虚荣心等。笔录中，不仅要如实记录客观过程，行为人的心理活动也要予以体现。

再如，违反政治纪律问题中常见的以串供、转移赃款赃物等方式对抗组织审查。此类案件的被审查调查人谈话笔录应具备主客观两方面的内容，具体包括参与串供的人员，串供的内容、动机、目的，转移物品的种类、数量、性质、去向、动机、目的等。

二、证人证言

证人证言，是证人就自己所知道的与案件有关的情况所作的陈述，是职务犯罪案件中常见的证据形式，属于言词证据的一种。审查中，应重点把握以下内容：

（一）询问活动的合法性

1. 询问的主体。根据相关规定，询问的主体必须是两名以上监察机关工作人员，询问结束后，参与询问的人员应在笔录相应位置签字，并注明日期。审查证据时，要注意有无一人询问或者同一时间段同一询问人员询问不同证人的情形。

2. 询问的时间、地点。（1）时间。根据规定，询问的时间要求与讯问（谈话）相同，尤其不能采取连续询问的方式变相留置。（2）地点。询问的地点有四种，被询问人工作地点、住所，被询问人提出的地点，监察机关指定的地点。其中，到被询问人提出的地点或者监察机关指定的地点进行询问的，需要在笔录正文开头部分记明。

3. 询问的方式。（1）是否个别进行。（2）首次询问时是否告知权利义务和法律责任，是否向被询问人出示《证人权利义务告知书》，并让其在文书上签名、捺指印。（3）询问未成年人，是否通知其法定代理人或者其他成年亲属、所在学校、居住地基层组织的代表等有关人员在场。（4）询问聋哑人，是否提供通晓聋、哑手势的人员。（5）询问不通晓当地通用语言、文字的证人，是否提供翻译人员。（6）是否采用非法方法。根据相关规定，询问时不能采取暴力、威胁、引诱、欺骗等非法方法，也不能通过诱导性、暗示性提问“帮助”证人回忆。

（二）证言内容的真实性

1. 是否有作证能力和资格。（1）认知和表达能力正常。根据规定，生理上、精神上有缺陷或年幼，不能辨别是非、不能正确表达的人所提供的证言，不能作为证据使用。（2）证人的作证事实要与当时的职务身份、自然身份相符。比如，谋利事项的被打招呼证人应当是当时负责或经办的公职人员，而不能是其前任、后任或其他人员。（3）证实的事项必须是证人亲身经历的表达，而不能是其猜测、推测、听闻的事实。比如，私营企业主李某给领导干部王某某送了一个装有 5 万元人民币现金的茶叶盒，行贿笔录中在记录贿送过程后，问：“王某某是否知道茶叶盒里面装的是什么?”答：“虽然王某某没有当场打开茶叶盒，但回家后会打开，肯定知道里面有钱。”这便属于推测。

2. 是否存在利害关系。实践表明，证人对一方当事人的感情或者与案件结果存在利害关系，会导致其证言产生偏见的可能性大大增强。我国法律没有规定排除有利害关系的证言，但是其利害关系会影响证人证言的证明力。审查时，应注意核实证人与当事人是否存在亲友、竞争对手或合作伙伴等利害关系，是否客观如实提供证据。

3. 与其他证据是否存在矛盾之处。证言是否稳定；与被调查人的供述和辩解、其他证人证言之间内容是否一致，差异点是否有合理解释；证言能否得到书证、物证的印证。

（三）证言内容的关联性和全面性

1. 关联性。有的证人证言部分内容与案件有关，部分与待证的违纪违法事实没有关系，起不到相应的证明作用。比如，证人对被调查人性格特点、品质、爱好等的介绍，只能作为背景材料，无法作为证据使用，尽量不要出现在笔录中。

2. 全面性。证人证言的内容要完整全面。比如，行贿人的首份笔录，在开头记录基本情况时，应把公司基本情况记录全面，尤其是涉案公司的名称、成立时间、注册资本、法定代表人、股东及出资情况、经营地点及范围等。中间发生重大变更的，也要记录清楚，有关情况可以印证待证事实的真实性。对于涉案人名下与案件无关的公司可以简单记录。

三、鉴定意见

鉴定意见，是鉴定人运用专业知识对有关专门性问题进行检验和推论后提供的个人意见，属于言词证据的一种。审查中，应重点把握以下内容：

（一）鉴定意见的合法性

1. 鉴定机构和人员是否有法定资质。鉴定意见是鉴定人运用专业知识对与案件有关的专业问题进行鉴定后得出的专业意见。由于其专业性的特点，对鉴定机构和人员要求较高，其资质是确保意见合法性的重要保障。实践中，常见的是对珠宝、金条、字画、手表等涉案物品所作的真伪鉴定和对房产、车辆等物品的价格认定，以及对有关财务资料进行的会计检验报告或者审计报告等。

需要注意的是：（1）价格认定与一般的真伪鉴定不同，是由各地价格主管部门下属的价格认定机构负责，具有专属性，不需要提供机构和人员资质证明。根据 2016 年《国务院关于取消 13 项国务院部门行政许可事项的决定》，国家发改委审批的价格鉴定师的注册核准已被取消。（2）涉案文物鉴定，根据 2016 年最高人民法院、最高人民检察院《关于办理妨害文物管理等刑事案件适用法律若干问题的解释》，由国务院文物行政部门指定的鉴定评估机构负责。2018 年 6 月，最高人民法院、最高人民检察院、国家文物局、公安部、海关总署共同制定了《涉案文物鉴定评估管理办法》，其中详细规定了从事涉案文物鉴定评估业务的机构和人员应当具备的条件。

2. 形式要件是否齐备。（1）委托鉴定手续是否齐备，鉴定事项是否具体明确。（2）鉴定意见是否具备形式要件，比如鉴定的事由、鉴定委托人、鉴定机构、鉴定过程、鉴定方法、鉴定结论，鉴定机构是否加盖专用章，鉴定人是否签字，多个鉴定人的鉴定意见不一致的，是否记明分歧的内容和理由等。

3. 鉴定程序是否符合法律及有关规定，鉴定意见是否依法及时告知。调查人员应当将鉴定意见送达被调查人及相关人员，告知其有申请重新鉴定的权利并听取意见。需要注意的是，不能仅告知结论，还要告知鉴定内容和经过。

（二）鉴定意见的真实性

1. 检材是否真实可靠。检材是鉴定所需要的基础材料，应确保鉴定的检材真实可靠，检材如果有问题，那么鉴定内容不可能准确。检材的来源应当是依法查扣的有关书证、物品，并且检材的保管妥善恰当，确保检材在流转环节的同一性和不被污染。

2. 鉴定过程和方法是否符合相关专业的规范要求。不同的鉴定方法很可能得出不同的鉴定结论。比如，鉴定房产价格时，采用成本法或者市场法，得出的价格可能差距很大。

3. 鉴定人是否与案件有利害关系，是否存在应当回避的情形。鉴定意见属于言词证据，如果鉴定人与案件有利害关系，应当主动申请回避，当事人也可以申请重新鉴定。

（三）鉴定意见的关联性

审查鉴定意见与待证事实是否有关联，起不到证明作用的鉴定意见不能作为案件证据使用。职务犯罪案件中，常涉及物品的价格鉴定，审查鉴定意见的关联性，尤其要注意审查鉴定基准日是否为犯罪行为发生时，时间点是否具体准确。

四、辨认笔录

辨认笔录是被调查人、证人等对有关涉案人员、物品等进行辨认时，办案人员对辨认过程所制作的书面记录。审查中，应重点把握以下内容：

1. 程序是否合法。应当遵守混杂辨认、分别辨认等规则，在辨认前向辨认人详细询问辨认对象的具体特征；辨认过程中，调查人员不得进行暗示或者诱导；被辨认的人数、同类物品或照片数不少于法定数量。

2. 笔录的要件是否齐备。笔录要写明辨认的起止时间、地点，主持辨认的调查人员、辨认人、见证人、辨认对象的基本情况和辨认目的。

3. 混杂辨认的例外是否符合条件。如果相关物品具有特定性，且与当事人之前没有失去联系，则没有必要进行混杂辨认，比如受贿物品具有明显特征，且在被调查人住所扣押，可以采取单独出示的方式予以确认和固定。

第四节　实物证据的审查重点

实物证据的优点在于客观性和稳定性强，但是在收集、固定、保存等环节容易存在失真风险，所以审查此类证据时，应重点审查其合法性和关联性。

一、物证

物证是以物品、痕迹等客观物质实体的外形、性状、质地、规格等证明案件事实的证据。物证的收集和使用有着严格的要求，以确保证据的效力。审查中，应重点把握以下内容：

（一）收集程序是否合法

搜查、扣押是收集物证的主要方式。搜查时，应当有《搜查证》和《搜查笔录》，由调查人员和被搜查人或者其家属、见证人在相应位置上签名。如果被搜查人或者其家属不在场，或者拒绝签名的，调查人员应当在文书和笔录中记明。扣押与案件有关的物品应当出具《扣押通知书》，并附《扣押财物、文件清单》，由调查人员、见证人和持有人签名或者盖章。

（二）形式要件是否齐备

审查物证是否为原物。如果不是原物，要核实物证的照片、录像、复制品是否与原物相符，是否有制作过程、与原物核对无异以及原物存放地的文字说明，并由制作人签名、注明日期。

（三）保管链条是否完整

查封、扣押涉案财物后，应当由专人专门保管。对于涉案款项，应当在采取措施后及时存入指定的专用账户。对于涉案物品，应当在采取措施后及时移交机关有关部门保管。对已移交机关有关部门保管的涉案财物，由于鉴定等原因需要调用和归还时，办案人员与保管人员应当面清点查验，对调用和归还情况进行登记，并全程录像。

（四）与待证事实是否有关联

1. 物证的来源是否属于关联地点。物证的来源是决定其关联性的关键，来源不明的物品无法判断是否属于涉案物品，也就丧失了证明价值。职务犯罪案件中，物证的来源主要有：搜查家庭住址、办公场所、转移的关联地址等发现的物品，被调查人随身携带的物品，以及被调查人或者其他相关人员主动上交的财物。

2. 鉴定与案件事实是否具有关联性。职务犯罪案件中，对于属于违法所得的金银珠宝、文物、字画等特殊涉案物品通常要进行真伪鉴定，价格不明或价格难以确定时还需要进行价格认定，价格认定基准日应为犯罪行为发生时，这也是关联性的基本要求。

3. 是否辨认同一性。审查时，应注意辨认的方法、过程等是否符合法律规定。对物证照片进行辨认，除制作笔录外，辨认人还应当在照片附纸上签字确认。

需要注意的是，受贿案件中，当受贿对象为物品时，通常要查扣到实物，这既是认定事实的条件，也是追赃的要求。在没有查扣到实物的情况下，证据链条往往存在欠缺，同一性无法确定，难以认定事实。特殊情况下，虽然没有实物，但综合其他证据可以确定该物品特征和价值，仍然可以确定事实。比如，未扣到贿送的钻石项链，但有购买发票、产品说明、保修单据、物品照片等，经行受贿双方辨认无异议的，就可以认定该事实。

二、书证

书证是以文字、符号等所表达的内容来证明案件事实的证据。为确保证据的效力，书证的收集必须遵守有关要求。审查中，应重点把握以下内容：

（一）收集程序是否合法

调取和扣押是收集书证的主要方式，采取措施的手续应当合法有效，其中调取书证通常出具《调取证据通知书》，并附《调取证据清单》，由调取人、提供人签名或者盖章，扣押书证应当出具《扣押通知书》，并附《扣押财物、文件清单》，由调查人员、见证人和持有人签名或者盖章。

（二）形式要件是否齐备

根据规定，调取书证应当调取原件，取得原件确有困难的，可以调取副本或者复制件。调取书证副本或复制件的，应当附有情况说明，记明制作过程、是否与原件相符、不能调取原件的原因和原件存放地点，并由办案人员和书证原持有人签名或者盖章。

（三）书证内容是否真实、全面

1. 书证的真实性。审查书证的真实性，除了看证据的来源和收集程序是否合法以外，重要的书证还需要让当事人进行辨认，通常采取的方式是在谈话过程中出示书证，当事人予以确认并进行解释。由于书证属于客观性证据，通常其证明力要强于被调查人供述和证人证言等言词证据。有些情形下书证也存在虚假的可能，比如行受贿双方为了逃避调查，签订虚假的借款合同或者投资协议等。审查时，要结合其他证据，综合分析判断。

2. 书证的全面性。在职务犯罪案件中，书证大致可分为证明犯罪事实的书证、证明量刑事实的书证以及证明程序性事实的书证。在单份书证的调取中，要确保书证的完整性，不能选择性调取。

（四）与待证事实是否有关联

书证的内容与待证事实是否相关，主要体现在两个层面：一是宏观层面，书证的整体存在是否可以使案件事实更有可能认定或者更不可能认定；二是微观层面，书证的每个部分是否都能起到证明作用，有的书证材料中既有与案件有关的内容，也有大量无关的内容。

三、视听资料、电子数据

视听资料和电子数据都属于法定证据种类。视听资料是以录音带、录像带、电子软盘等音像信息证明案件事实情况的证据材料，电子数据是以数字化形式存储、处理、传输的，能够证明案件事实的数据。二者具有密切联系，在证明力和证据能力方面没有实质性区别，取证要求也相似。审查中，应重点把握以下内容：

（一）视听资料

1. 提取过程是否合法。视听资料的提取，与书证提取大致相同，应当附有相应的法律文书及清单。对于提取视听资料的过程，必要时可以录音录像。

2. 视听资料是否真实。审查视听资料时，注意其制作的完整性，是否载明制作人或持有人的身份，制作的时间、地点、条件、方法，内容是否真实，以及是否存在剪辑、删除、增加等伪造、变造情形。如果视听资料为复制件的，还应当记明不能调取原件的原因、原件存放地点、是否与原件相符，并由制作人员和视听资料原持有人签名或者盖章。

3. 与待证事实是否存在关联。有些视听资料由于主客观原因，对声音、图像的记录不够清晰、完整，无法与待证事实建立足够的关联，此时需要结合其他证据综合判断是否可以作为证据使用。

（二）电子数据

1. 收集程序是否合法。提取原始存储介质的手续是否完备；以勘验、检查、搜查等方式收集的电子数据，是否附有笔录、清单，并经调查人员、电子数据持有人、见证人签名，没有签名的，是否注明原因；是否注明电子数据的规格、类别、文件格式等；远程调取境外或者异地的电子数据时，是否注明了相关情况；由于客观原因采取打印、拍照或者录像等方式固定相关证据的，是否已在笔录中说明原因；打印成纸质材料的，是否由调取人、提供人签名或者盖章。

2. 电子数据是否真实和完整。重点核实以下两点：

（1）电子数据的真实性。电子数据作为科技证据，容易遭到篡改，因此要严格审查其真实性。根据相关规定，对其真实性的审查主要围绕以下几个方面：是否移送原始存储介质；在原始存储介质无法封存、不便移动时，有无说明原因，并注明收集、提取过程及原始存储介质的存放地点或电子数据的来源等；电子数据是否具有电子签名、数字证据等特殊标识；电子数据的收集、提取过程是否可以重现等。

（2）电子数据的完整性。根据相关规定，对电子数据完整性的审查，主要围绕以下几个方面：原始存储介质的扣押、封存状态；电子数据的收集、提取过程；比对电子数据完整性校验值；与备份电子数据进行的比较等。

3. 与待证事实是否存在关联。重点核实以下两点：

（1）原始存储介质与被调查人之间的关联性。可以通过核查存储介质的所有（个人的手机、计算机）和使用情况（排除被非法侵入等不知情的情况），结合其他证据综合研判。

（2）被调查人网络身份与现实身份的同一性。根据相关规定，可以通过核查相关 IP 地址、网络活动记录、上网终端归属，结合其他证据综合判断。

第六章
受贿及关联罪名的认定与证据问题

受贿罪是当前职务犯罪查办中最常遇到的罪名，本章结合大量典型案例，分别从受贿定罪、关联罪名的认定、量刑及证据问题等四个方面，系统阐述司法认定中的常见问题。

第一节　受贿定罪问题

我国《刑法》关于受贿罪的规定，集中在第三百八十五条和第三百八十八条，其中第三百八十五条是关于普通受贿和索贿的规定，第三百八十八条是关于斡旋受贿的规定。不管是普通受贿，还是索贿、斡旋受贿，都是受贿罪的表现形式，不过构成要件有所区别。普通受贿罪的客观行为要件有两个，谋利事项和收受财物，而索贿不要求具体谋利事项，斡旋受贿则对于谋利事项提出更高要求，必须是谋取不正当利益。

一、关于谋利事项

1. 国家工作人员的正当职务行为是否构成谋利事项？

案例1：王某受贿、巨额财产来源不明案。王某，某市原副市长。法庭上，王某本人及其辩护人，对指控事实予以否认，并提出召开协调会、签批文件等为有关单位解决征地拆迁、减免税费等问题是为了任职地区招商引资、发展经济，依照了国家政策和省市文件的规定，并经集体研究决定，不属于为他人谋取利益。

解析：根据我国《刑法》有关规定，只要行为人实施了权钱交易的行为，无论行为人为请托人谋取利益的手段是否合法，为请托人谋取的利益是否属于不正当利益，也无论在为他人谋利时是否已有收受财物的故意，均不影响受贿罪的成立。

2. 国家工作人员未实际谋取利益，是否影响受贿罪认定？

案例2：姚某雷受贿案①。姚某雷，某置业投资公司原总经理，2020年9月被判处有期徒刑五年。后姚某雷上诉，其辩护律师提出，姚某雷收受私营企业主尹某某的100万元，但没有为其谋取利益，不应认定为受贿。二审法院经审理认为，尹某某认识姚某雷后，了解到其公司拟在海南三亚开发房地产项

① 参见（2020）陕刑终282号，中国裁判文书网。

目。为能在该房地产项目上承揽工程，先后三次送给姚某雷共100万元，姚收受后答应有机会会考虑。虽然实际上没有帮助承揽工程，但其明知有请托事项而收受财物，应当认定为为他人谋取利益，至于是否已实际谋利，不影响受贿罪的认定。该辩护意见不成立。

解析：根据相关司法解释，受贿犯罪中的谋利可分为承诺、实施和实现三个阶段，属于其中任一情形均可。此外，对于收受具有上下级关系的下属或者具有行政管理关系的被管理人员财物的，只要可能影响职权行使，即视为承诺为他人谋取利益。实践中，对于斡旋受贿中承诺的认定存在一定争议，有的认为斡旋受贿的成立，要求国家工作人员向其他国家工作人员转达请托谋利事项，其他国家工作人员承诺为请托人谋取不正当利益。笔者认为，这种观点是不妥当的。主要理由是，斡旋受贿不是独立的罪名，而是受贿罪的一种形式，和一般受贿在权钱交易这一本质特征上没有区别。二者关键差异在于，贿赂的代价不同，一个是自己的权力，另一个是权力影响力，但损害的都是自己而不是第三人职务行为的廉洁性或者不可交易性。所以，一般受贿承诺即可，斡旋受贿也是一样。此外，从刑事政策角度讲，要求必须向其他国家工作人员转达请托事项也不利于打击犯罪。

3. 如何认定地方主要领导对中央金融机构分支机构制约关系？

案例3：陈某受贿案。陈某，某市原市长。陈某在任职期间，通过关系人接受他人请托，多次向某银行该市支行提出要求，为相关单位融资提供帮助，并通过关系人收受“好处费”。陈某及其辩护人提出，陈某为请托人联系银行贷款没有利用职权，故上述事实不能认定为受贿罪。法院经审理认为，在当时的金融管理体制下，设立于该市的某银行支行有关负责人员的任命，要征得当地党委和政府的同意。陈某作为市政府主要负责人，与该支行及其负责人具有管理制约关系，其帮助请托人从银行获取贷款，属于利用职务上的便利。

解析：利用职务上的便利，主要包括两大类：一是利用本人主管、负责、承办某项公共事务的职权，这种权力有的来自法律的规定，比如公安机关依法进行治安管理和刑事侦查等的权力；有的来自制度的安排，比如组织管理、考核、巡视巡察、督导等。注意不是利用自身知识、劳动、亲情关系等其他非职权因素，也不能是利用工作上的便利，职务便利与工作便利区分的关键在于是否具有职务上赋予的独立支配的权力。二是利用具有隶属、制约关系的其他国家工作人员职务上的行为。有时具有制约关系的职务便利与职务影响不容易区分，二者的区别主要在于，斡旋受贿中办事的国家工作人员被打招呼后往往有选择的余地，其利用自己的职务上的行为不是因为权力的制约而是看中存在权权交易的可能。上述案例中，陈某作为市政府主要负责人，对于中央金融机构分支机构负责人的任命有直接发言权，可以认定为制约关系。

4. 将因职务知晓的不公开信息泄露给请托人，是否属于“利用职务上的便利”？

案例 4： 汪某东受贿案。[①] 汪某东，A 市原市委书记。汪某东担任该市城市规划委员会委员时，在参与 A 市到 B 市城际轨道交通项目工程可行性研究报告审查会过程中，知悉了轨道项目的线路、站点设置等当时还没有向社会公开的信息，随即在饭桌上将该信息泄露给 A 市一家房地产开发公司的股东陈某某，并收受陈某某所送 20 万元的好处费。法院经审理认为，汪某东的行为构成受贿罪。

解析： 与常见行受贿谋利事项不同，本案当事人没有直接行使职责范围内的具体权力，而仅仅是泄露工作中知晓的秘密，这种情形下能否认定为“利用职务上的便利”？受贿罪中的“利用职务上的便利”与贪污罪“利用职务上的便利”不同。根据相关规定，贪污罪中“利用职务上的便利”指的是利用职务上主管、管理、经手公共财物的权力及方便条件；而受贿罪的“利用职务上的便利”的外延要宽泛很多，既包括利用本人职务上主管、负责、承办某项公共事务的职权，也包括利用职务上有隶属、制约关系的其他国家机关工作人员的职权。有学者认为，受贿罪中的利用职务上的便利，可理解为“与职务有关”，包括过去与将来的职务、抽象的或一般的职务、正当的与滥用的职务等。只要国家工作人员负有能够满足他人需要

---

① 参见（2020）粤刑终 104 号，中国裁判文书网。

的职责，就可能进行权钱交易，索取或者收受贿赂，构成受贿罪。①

5. 国家工作人员向私营企业主打招呼为请托人谋取利益，是否构成谋利事项？

案例5：何某受贿案②。何某，某国有控股银行A省分行原行长。2017年，该省民营甲公司负责人李某请托其帮助融资。因该公司不符合银行贷款条件，无法直接从该行贷款，于是何某找到正在与该银行对接贷款工作的民营乙公司负责人，要求乙公司帮助甲公司融资。事成后，何某收受李某所送好处。该案控辩双方争论的核心在于，国家工作人员通过私营企业主为他人谋利是否符合受贿罪构成要件。法院经审理认为，该案中民营乙公司同意帮助甲公司融资，主要是何某主管其公司贷款审批，对其公司有明显的制约关系，所以属于法律意义上的利用职务上的便利。

案例6：卢某某受贿案。③ 卢某某，某市公安分局原副局长，金某，私营企业主，在卢某某辖区内从事土方、房地产开发等业务。卢某某利用其分管法治、经侦工作的职务便利，多次为金某企业在矛盾纠纷化解、车辆违章处理、特种执照年检

① 参见张明楷：《论刑法中的利用职务上的便利》，载《法治社会》2022年第5期。

② 参见《通过私企老板为他人谋利是否构成受贿罪》，载《中国纪检监察报》2020年12月16日，第8版。

③ 最高人民法院《人民法院案例库》参考案例，入库编号：2023-03-01-404-033。

等方面提供帮助。其间，金某企业还因涉嫌串通投标犯罪被该分局经侦大队立案查办。2016 年至 2021 年间，卢某某先后为其朋友阮某、刘某在金某处承接工程向金某打招呼，并多次收受阮某、刘某好处共计 30 余万元。

解析：受贿案件中，国家工作人员的职权行为主要通过本人或者具有隶属、制约关系的其他国家工作人员来行使。对于向私营企业主打招呼的情形能否作为谋利事项，应当具体问题具体分析，关键看是否符合权钱交易的本质特征。凡是符合权钱交易特征的，不管采取什么名义、什么形式，都是变相的受贿，可以纳入受贿罪的评价范围。实践中，对于向具有制约关系的（如上述案例）或者同样具有权钱交易关系的私企打招呼，为其他企业谋取利益的，可以认定为受贿罪的谋利事项。需要强调的是，对于国家工作人员向非国家工作人员打招呼帮助他人谋取利益的行为，应当作严格限定，不能任意扩大范围。

6. 受贿犯罪构成要件中的“为他人”是否一律排除自己利益？

案例 7：张某受贿案①。张某，某县住建局原副局长。张某以其胞弟名义和他人共同投资开发房地产项目，根据约定张应出资 20%，但实际只出资 15%。其他股东商量，由于开发过程

① 参见最高人民法院刑事审判第一、二、三、四、五庭：《刑事审判参考》第 1250 号指导案例。

中很多事项需要张关照解决，便不再让张继续投入资金，但将来仍按照20%比例分红。后来，在张运作下，项目进展顺利，张获得了650万元的收入，比实际出资多140余万元。其本人和辩护人均认为，张某为自己与他人合作的项目谋利后收受超比例分红的行为，不构成受贿罪。法院经审理认为，张某在为自己谋利的同时为他人谋取了利益，其获取的明显高于投资比例应得的收益，为其他股东应得利润的让渡，目的就是看中张职务带来的便利和利益，符合权钱交易的特征，构成受贿犯罪。

解析：这一案件比较具有典型性，实践中受贿犯罪“为他人”这一要素很容易被忽视。如果国家工作人员利用职权为自己所有或者参股的企业谋取利益，正常收受分红的，应按照《纪律处分条例》中违反廉洁纪律的相关条款处理。上述案例中，纪法的界限关键在于张某未按照出资比例享有收益，而是多享有了分红，这一超额收益是其利用权力为自己带来好处以外，还为其他股东谋取利益的对价。

二、关于收受财物

1. 收受财物后放到单位使用或者用于公务支出是否影响认定？

案例8：王某成受贿案。王某成，某金融机构负责人。该案中，辩护人提出，王某成收受李某某的涉案油画始终在办公室使用，王未将之占为已有，不应作为受贿认定。法庭审理认为，该油画应作为受贿认定。理由：一是购买该油画不是单位意思，不是办公室装饰必要，而是王个人所需；二是该油画价值金额较大，单位财务无法报账，系王个人自筹购买；三是王购买油画后，未在单位登记入库，调离时亦未向单位移交，而是让司机收起，暂存王个人专用的库房。总之，该油画是王私有物品，不能因为放在办公室使用而改变其私有属性。

案例 9：毋某良受贿案[①]。毋某良，某县委原书记。该案中，毋某良利用职务便利为他人在企业经营、工作调动及职务调整等方面谋取利益，收受他人近 2000 万元财物。辩护人提出，毋收受他人财物大部分上交到县招商局、县委办，主要用于公务支出，应从受贿金额中扣除。法庭审理认为，从交存款物的时间、部门、知情范围及处分情况来看，可以证明毋某良有受贿故意：一是第一笔受贿是 2003 年，可第一次交款是 2006 年，且多数年份收多交少，并非及时全部交存；二是交存款物的部门既非纪律检查部门，亦非廉政专用账户，而是其主管、便于控制的部门；三是知情者极少且知情内容有限；四是交存款物的支取，必须经过其本人同意或安排，毋有绝对的控制、处分权。总之，毋某良交存款物系受贿既遂后的处置，不影响受贿的认定，但量刑时可以酌情考虑。

解析：收受财物后的去向是否会影响受贿的认定？这主要

---

① 参见最高人民法院刑事审判第一、二、三、四、五庭：《刑事审判参考》第 1149 号指导案例。

涉及行为人主观故意的判断问题。一般而言，如果有证据证明行为人存在收受的故意和行为，就可以认定为受贿。至于受贿后对财物支配、使用，属于既遂后的处置问题，不影响性质的认定，但可以作为量刑情节予以考虑。需要注意的是，根据相关规定，如果行为人收受财物后及时上交有关部门的，不认为存在受贿故意。

2. 没有自己占有财物是否影响收受行为的认定？

案例10：刘某受贿、滥用职权案。刘某，某市国土局原局长。该案中，辩护人提出，刘某收受丁某100万元贿赂部分，因系刘某让丁某办事花费，刘未实际占有该款，不应认定为受贿。法庭审理认为，刘某虽未直接占有涉案财物，但该款是根据刘某的意志、为刘某的利益而支付的，具有权钱交易的本质，符合受贿罪的构成要件。

案例11：雷某某受贿案①。雷某某，某市某区委原书记。2008年，该市某公司法定代表人肖某为谋取非法利益安排他人偷拍与雷某某不雅视频，并以此要挟雷，向其借款300万元。雷担心视频曝光，要求另一公司法定代表人明某向肖某借款300万元，雷曾利用职务便利为明某公司承揽工程项目提供帮助。该借款到期后，肖某在有足够资金前提下不归还欠款。雷在得知肖不还款后向明某表示由其本人归还，明某提出不用雷

① 参见最高人民法院刑事审判第一、二、三、四、五庭：《刑事审判参考》第885号指导案例。

归还，雷表示认可。该案中，辩护人提出，明某支付给肖某的300万元系该两家公司的借款，不能认定为雷某某受贿。法院经审理认为，本案300万元借款实际上是明某通过出借资金的方式为肖某敲诈雷的款项买单，无论是明某答应借款给肖某，还是放弃对借款的追索，目的都是出于雷之前对其公司关照的感谢，并希望继续得到关照。表面上，雷没有获得财物，但请托人的行贿指向是明确的，免除第三人肖某的债务完全是基于雷的意思，肖某获利完全源于雷与明某之间的权钱交易和雷对该财产的处分意思。该笔款项名为民间借贷款，实为权钱交易款，属于贿赂性质。

解析：如何理解刑法意义上的“占有”？刑法意义上的占有，不仅包括个人直接占有使用，也包括经自己支配、处分后指向他人的物权改变。上述案例中，无论是丁某根据刘某的要求为其办事支出的费用，还是明某根据雷某某的意思免除肖某的债务，都是国家工作人员对于贿赂的处置行为，符合权钱交易的本质，不影响受贿的认定。

3. 借用他人账户炒股，亏损金额能否认定受贿？

案例12：张某受贿案。[①] 张某，某国有公司资金管理中心原经理。2015年下半年，张某利用担任该中心副经理（主持工作）、经理的职务便利，在融资业务洽谈、费用支付等方面为

---

① 最高人民法院《人民法院案例库》参考案例，入库编号：2024-03-01-404-007。

刘某提供帮助。2016年初，张某接受刘某提供的人民币350万元，利用刘某开设、张某实际控制的证券账户进行炒股。双方约定，张某不占有上述炒股资金，盈利部分归张某所有，亏损部分由刘某承担。2016年12月，因他人被立案调查，张某害怕被查处，将该证券账户退还给刘某，并按照之前双方约定，亏损的人民币82万余元由刘某承担，作为送给张某的感谢费。

解析：本案争议的焦点在于张某炒股亏损的部分是否属于受贿罪中的财物。炒股作为一种高风险的行为，行为人应当自己承担风险，只享有收益不承担亏损的行为不是正常的市场行为。本案中，刘某为何愿意承担他人炒股带来的损失，就是要感谢张某为其提供的帮助，是张某谋利行为的对价，符合权钱交易的本质特征，应当认定为受贿。受贿数额按照权钱交易终了，即张某将股票账户交还刘某时的盈亏金额计算，具体以本金减去退还当日收盘价。

4. 收受银行卡后，在不知情的情况下被挂失取款，是否影响受贿的认定？

案例13：李某山受贿案。[①] 李某山，某县成人中专原校长、某职业学院原院长。2007年至2017年，李某山利用职务便利，在住宅楼开发、工程承揽、事业编制教师招考、职称评定推荐等方面为他人谋取利益，非法收受他人财物共计700万元。其

① 最高人民法院《人民法院案例库》参考案例，入库编号：2024-03-01-404-008。

中，李某山分别收受魏某、王某文以本人名义开立并存有 30 万元、20 万元的银行卡，李某山从二人处知晓银行卡密码。案发前，魏某、王某文在李某山不知情的情况下，将银行卡挂失并各取走 10 万元。

解析：本案争议的焦点在于，被魏某、王某文私下挂失并取走的银行卡中部分钱款，能否认定为受贿金额。根据最高人民法院、最高人民检察院《关于办理商业贿赂刑事案件适用法律若干问题的意见》第八条规定，收受银行卡的，不论受贿人是否实际取出或者消费，卡内的存款数额一般应全额认定为受贿数额。李某山在收受银行卡的同时得知卡密码，具备了对卡内钱款的支配权，并且后续实际取出部分钱款，意味着其实际知晓卡内具体金额，了解自己谋利行为的对价。至于魏某、王某文在李某山不知情的情况下，挂失银行卡并取走剩余钱款，不影响受贿数额的认定。

5. 如何区分正常借贷关系和以借为名受贿？

案例 14：李某受贿案[①]。李某，某县残联原理事长。该案中，公诉人指控，2013 年至 2015 年李某利用担任残联理事长职务便利，为甲公司申报残疾人就业补助项目提供帮助，并非法收受该公司价值 5.1 万元的房屋装修及其他财物。辩护人提出，该案中的装修款属于未偿还的民事欠款，不属于受贿所

---

① 参见最高人民法院刑事审判第一、二、三、四、五庭：《刑事审判参考》第 1352 号指导案例。

得。法庭经审理认为，李某作为国家工作人员，在接受甲公司装修后，本应及时结清价款，根据其在 2012 年至 2018 年的银行存款情况证明，其具有该笔费用的还款能力。但在长达四年多的时间内，既未结清装修款，也未有任何还款的意思表示，并且连续三年为甲公司争取残疾人补助资金。2014 年该公司在得到补助后将该笔钱款予以核销，由此可以认定李某接受了甲公司的财产性利益，构成受贿罪。

案例 15：刘某福受贿案。[①] 刘某福，四川省 D 市某区综合行政执法局原副局长。2015 年，刘某福在担任当地水务局副局长期间，以个人名义违规出借 30 万元给私人老板刘某。2017 年，刘某归还了小部分本金和利息后，因经营管理不善没有能力兑现剩余欠款。2020 年，刘某福让另外一个与自己往来密切，同时也和刘某有业务合作的私人老板陈某借钱给刘某，让刘某归还自己的借款。陈某知晓刘某当时已经成为失信人员，但迫于刘某福的压力，同意“借”钱给刘某，双方未签署任何协议。法庭经审理认为，陈某借给刘某的该笔款项表面上是民间借贷的债权转让，而实质上是刘某福利用职务便利，变相将不良债权转让给了行贿人陈某承接，具有权钱交易的性质。

解析：根据相关司法解释，区分正常借贷关系和以借为名收受，不能仅看有无书面借款手续，还要根据以下因素综合判

① 参见《严查新型腐败，四川这起案件被央视报道》，公众号“廉洁四川”2023 年 9 月 19 日。

定：有无正当、合理的借款事由；款项的去向；双方平时关系如何、有无经济往来；出借方是否要求国家工作人员利用职务上的便利为其谋取利益；借款后是否有归还的意思表示及行为；是否有归还的能力；未归还的原因等。实践中，对于国家工作人员向私营企业主借款未归还的情形，要按照上述内容全面取证、综合分析。如果在案证据不足以认定为以借为名受贿的，则应当采取有利于行为人原则，符合违纪要件的按照违纪行为处理。

6. 如何判断正常市场交易行为还是新型受贿方式？

案例 16：孙某明受贿案[①]。孙某明，某国有房地产开发公司原董事长。该案中，孙某明提议刘某某用房屋买卖合同加高倍违约金的方式支付贿赂款。协议约定自签订之日起 7 个工作日内支付首付款 100 万元，每延迟一天付款，刘某某支付房屋出售价 1%的违约金。如果孙某明未能在规定期限内办理过户手续，则要将首付款扣掉违约金后退还。事实上，该房子是单位集体盖的，无法过户，合同实质无法履行。之后孙陆续收到刘某某给予的“房款”130 万元，因无法完成交易，扣除“违约金”后退还 100 万元。半年后孙某明得知有人因类似问题被查处，找到刘某某补写一张 30 万元欠条以应付检查。法庭上，辩护律师提出，孙某明与刘某某之间的房屋买卖交易是真实

① 参见最高人民法院刑事审判第一、二、三、四、五庭：《刑事审判参考》第 1144 号指导案例。

的，欠款30万元属于民事行为。法庭经审理认为，孙某明与刘某某签订的购房协议存在明显不对等关系，且不具备实际履行条件。孙事后向刘某某补写欠条，但并无还款的意思表示和实际行为，而是以此掩饰收受好处，不采纳辩护意见。

解析：判断是正常市场交易行为还是新型受贿方式，需要透过现象看本质。犯罪形式无论如何变化，权钱交易的本质没有变。有些表面看正常的市场行为，实际上违背了自愿、平等、公平等市场原则。要学会从客观形式上找到违背市场规律的异常点，比如是否有真实的投入，投入和收益是否相符，是否承担风险等。上述案例中，当事人双方权利义务明显不对等，且从一开始就不具备实际履行条件，这些异常的背后都隐藏着权力的因素，说明权力已经作为一种商品参与到市场交换中，受贿的金额就是权力异化后的价值体现。

7. 如何区分正常商业机会和受贿的财产性利益？

案例17：褚某某受贿案。[①] 褚某某，B市H区原区长、区委书记。该案中，2018年3月，褚某某应关系人胡某某要求，向S集团公司关联公司相关领导打招呼，为胡某某购买该关联公司开发的B市中心大厦写字楼提供帮助。胡某某预定了该大厦第30层有关写字楼，并获得购房优惠。2018年4月至5月，胡某某将其中部分未支付定金的写字楼房间委托他人出售给指

---

① 参见最高人民法院刑事审判第一、二、三、四、五庭：《刑事审判参考》第1593号指导案例。

定的购房者，赚取差价共计 182 万元。检察机关指控，该笔钱款为褚某某收受 S 集团公司的贿款。而褚某某辩护人提出，胡某某从房产开发商处获取的是商业机会，不是财产性利益，其交付定金取得了预定房源的合法处置权，转卖获利不违法。法院经审理认为，B 市中心大厦写字楼，地段位置好，配套设施齐全，销售火爆，为了筛选高端优质大客户，开发商规定 21 层以上必须整层购买。由于褚某某出面打招呼，开发商破例允许胡某某分割购买分户销售，还给予价格上的特殊优惠，将本属于高端优质客户的权益以及开发商自身的部分利益变相让渡给胡某某所有，并且在明知市场价明显高于给胡某某的签约价的情况下，由胡某某加价销售，具有权钱交易性质，应当认定为受贿。

解析：本案争议的焦点是商业机会还是财产性利益。商业机会是指商业活动中可能为经营者创造利润的机会，其最终能否盈利以及盈利大小，还取决于经营者的投入、成本控制、有无意外情况等因素。商业机会具有风险难以预料、利益难以确定的特征。而财产性利益是具有确定性的既存利益或者高度盖然性的预期利益。上述案件中，胡某某在市场上转售写字楼房间时，存在预期经济利益，且该利益相对确定，可以变现，这与市场上需要经营、承担风险的商业机会存在本质的区别。从形式上看，胡某某获得的钱款来自购房人支付的差价款，但实质上是开发商给予的额外让利和突破政策给予特权带来的利润，属于新型隐性受贿。

8. 案发前因未办成事而退赃，是否影响受贿的认定？

案例18：王某星受贿案。王某星，某省艺术学院原副院长。该案中，王某星利用担任某省艺术学院音乐学院副院长、院长，某省艺术学院副院长等职务便利，为他人在推荐留学、招生考试等方面提供谋利，非法收受他人贿赂200余万元，其中案发前因未能实现请托事项等原因按承诺退款58万元。辩护人提出，王某星案发前退还的58万元不应作为受贿数额。法庭经审理认为，王某星在案发前退钱，并非其不愿意收受，其身为国家工作人员的职务廉洁性已经受到侵犯，已构成受贿罪既遂，故不采纳辩护意见。

解析：实践中，案发前退赃较为常见，情形和原因有很多种，有的是收受财物后很快就退了，有的在案发前不久才退；有的是事情没办成而退还，有的是担心被涉案人牵连而退还，还有的是行贿人以告发为名索要的。处理此类案件，最重要的是查明退还的原因和时间，主动还是被动，很快退还是间隔一段时间才退，有无客观阻却事由。比如，请托人是在国家工作人员住院治疗行动不便时送的，康复后及时退还的，不能认定受贿。根据司法解释，收受财物后及时退还或上交的，不是受贿；但是因自身或其受贿有关联的人、事被查处，为掩饰犯罪而退还或上交的，不影响受贿的认定。需要注意的是，“因自身或其受贿有关联的人、事被查处”是司法解释列举的掩饰犯罪原因之一，其他情形下只要能证明是为逃避处罚而退还或上交的，都不影响受贿认定。

9. 国家工作人员退休后收受财物如何认定？

案例 19： 孙某生受贿案。孙某生，某市中级人民法院执行局原局长。该案中，孙某生利用担任该市法院执行庭副庭长、庭长、执行局局长的职务便利，为相关单位和个人在案件执行、介绍案源等方面提供帮助，收受贿赂 199 万元，其中收受两名律师杜某、赵某钱款系退休后根据事先约定收受。

案例 20： 张某年受贿、利用影响力受贿案。[①] 张某年，某自治区工信厅原副厅长。该案中，张某年利用担任工信厅副厅长的职务便利，为有关公司在项目审批等方面提供帮助，收受贿赂 140 万元。此外，他还在退休后接受多个单位和个人请托，利用原职权和地位形成的便利条件，通过向其他国家工作人员打招呼，为上述单位和个人在申报专项补助资金、职务晋升等方面谋取不正当利益，先后收受他人钱款 93 万元。

解析： 关于国家工作人员退休后收受财物如何认定的问题，应当具体问题具体分析，可能构成受贿罪，也可能构成利用影响力受贿罪。根据最高人民法院、最高人民检察院《关于办理受贿刑事案件适用法律若干问题的意见》，"国家工作人员利用职务上的便利为请托人谋取利益之前或者之后，约定在其离职后收受请托人财物，并在离职后收受的，以受贿论处"。根据该条规定，对于退休人员收受他人财物，如果认定受贿，

---

① 参见《退休后为他人谋利并收受财物怎样定性》，载《中国纪检监察报》2024 年 2 月 21 日，第 8 版。

则必须要求在职谋利前后有相关约定。若是在退休后利用以前职务的影响为他人谋取不正当利益，并收受好处的，则涉嫌利用影响力受贿罪。

10. 行贿人支付的税费是否应计入受贿金额？

案例 21：国家工作人员李某某利用职务便利，为某私企老板周某提供帮助，通过其近亲属在该私企以挂名领薪方式收受周某所送数十万元（含工资、奖金、“五险一金”）。此外，周某公司还为其代缴个人所得税 1 万余元。

案例 22：国家工作人员张某利用职务便利，为企业老板孙某在企业经营、亲友职务提拔等事项提供帮助，收受孙某所送北京某小区房产一套（尚未过户，实际占用使用），该房产购买价（含税费）1500 万余元。此外，孙某还为其支付物业费、供暖费 10 余万元。

解析：行受贿案件中，相关税费是否应计算为受贿数额，是实践中比较常见的问题。对于行贿人为受贿人支付的个人所得税款，考虑到受贿人主观上对于这部分税款金额不清楚，而且未实际收受，一般对该部分不予认定。而对于行贿人代为支付购买房产的契税、登记费、维修基金以及物业费、供暖费等，作为房产使用中必须支付的费用，应当认定为受贿金额。

第二节　受贿关联罪名的认定

与受贿罪密切相关的罪名，比如行贿罪、利用影响力受贿罪、非国家工作人员受贿罪、介绍贿赂罪、巨额财产来源不明罪、洗钱罪和滥用职权犯罪、玩忽职守罪等都是我们办案中经常会用到的，有时还会涉及罪与罪的界限问题，必须区分清楚，准确认定。

一、行贿罪

行贿罪系《刑法》第三百八十九条规定，是指为谋取不正当利益，给予国家工作人员以财物的行为。第三百九十条规定，对犯行贿罪的，处三年以下有期徒刑或者拘役，并处罚金；因行贿谋取不正当利益，情节严重的，或者使国家利益遭受重大损失的，处三年以上十年以下有期徒刑，并处罚金；情节特别严重的，或者使国家利益遭受特别重大损失的，处十年以上有期徒刑或者无期徒刑，并处罚金或者没收财产。

案例 1：何某，某建设工程公司负责人。2018 年、2019 年，何某所在的公司承揽某煤业集团公司的矿建工程。工程竣工验收后，为了顺利结算工程款，何某于 2020 年中秋节及 2021 年春节前先后两次送给该煤矿负责人荀某人民币 30 万元。后在荀某关照下，该项目工程款顺利结算。

案例 2：高某梅，某基金公司经理。2019 年 1 月，被告人高某梅在承销费率、综合成本明显高于某股权投资基金管理公司的情况下，为谋取不正当竞争优势，请托某城投公司董事长、总经理熊某某（另案处理）利用职权提前终止某股权投资基金管理公司在某城投公司的定融业务，擅自将定融业务交给其承接，并将承销费率提高到 2.5%—2.8%。为感谢熊某某的帮助并确保能够在某城投公司独家承接定融业务，高某梅主动向熊某某提出按照定融产品备案金额的2‰给予好处费。后高某梅按照熊某某的要求，通过购买某城投公司发行的三年期定融产品形式，给予熊某某好处费共计 1200 万元。2018 年 10 月至 2020 年 12 月，被告人高某梅通过挂靠合作及实际控制的公司，承接某城投公司 16 个定融产品，备案金额累计 57 亿余元，承销费累计 2 亿余元，已结算承销费 1.67 亿余元。经审计，高某梅从某城投公司承销定融业务获得净利润为 1.02 亿余元。①

解析：1. 不正当利益的判断。根据相关规定，不正当利益包括三种：一是实体的不正当，如为逃避行政处罚、司法调查等非法利益，这个好理解也好判断。二是手段的不正当，如采取提前透露标底、串通投标的方式承揽工程。需要注意的是，不能只因为具有行贿行为，就认定不正当利益，那样就会陷入循环论证的怪圈，不正当利益的要件也就实际不存在了。三是违背公平公正原则谋取竞争优势，由“不确定利益”变为“确定利益”。主要看是否对其他市场主体公平竞争造成实际影响，如上述案例中，行贿人请托城投公司董事长、总经理熊某某利用职权提前终止某股权投资基金管理公司的定融业务，擅自将定融业务交给行贿人进行独家承接，排除了其他竞争对手。实

① 参见 2024 年 3 月最高人民法院、最高人民检察院联合发布的依法惩治行贿犯罪典型案例。

践中，像职务提拔调整类型一般都可以认定为谋取竞争优势。但有些情况，比如施工方为顺利结算工程款而向发包方贿送好处的，通常难以认定不正当利益，除非能够证明比预定时间提前支付或者有多个施工方违背先后顺序支付的情形。

2. 行贿与受贿犯罪的关系。行贿和受贿是一种对合关系，相互依存，但是这不代表有行贿犯罪就有受贿犯罪，或者有受贿犯罪就一定有行贿犯罪。比如，行贿人为谋取不正当利益送了财物后，国家工作人员及时退还或上交的，不具有受贿的故意，因而不能认定受贿，但行贿是可以成立的。再比如，因被勒索给予国家工作人员以财物，没有获得不正当利益的，不是行贿，但是受贿犯罪可以成立，不受影响。

3. 个人行贿和单位行贿的区别。实践中，有时个人和单位行贿不太好区分，主要把握三个标准：一是看行贿行为体现的是个人意志还是单位意志，对于单位负责人作出的决策，应当结合该单位的日常运作方式、决定风格以及相关证人证言等确实是否为单位意志。二是看行贿所得归个人所有还是单位所有，比如行贿获得的不正当利益是否进入公司账户、是否用于公司经营等。三是看行贿款的来源是来自个人还是单位，但如果个人出资为了帮助单位获得利益，此时还是应认定为单位行贿。

4. 可以从重、从宽处罚的情形。根据法律规定，有以下七种情形的，从重处罚：多次行贿或者向多人行贿的；国家工作人员行贿的；在国家重点工程、重大项目中行贿的；为谋取职务、职级晋升、调整行贿的；对监察、行政执法、司法工作人员行贿的；在生态环境、财政金融、安全生产、食品药品、防灾救灾、社会保障、教育、医疗等领域行贿，实施违法犯罪活动的；将违法所得用于行贿的。如果行贿人在被追诉前主动交代行贿行为的，可以从轻或者减轻处罚。其中，犯罪较轻的，对调查突破、侦破重大案件起关键作用的，或者有重大立功表现的，可以减轻或者免除处罚。

5. 不属于行贿的情形。根据《刑法》相关规定，“因被勒索给予国家工作人员以财物，没有获得不正当利益的，不是行贿”。根据上述规定，具有行贿行为但可以出罪的理由有两点：被勒索，且没有获得不正当利益，二者缺一不可。这也意味着，如果被勒索但获得了不正当利益，仍然可以构成行贿罪。例如，因醉驾被交警查获后，民警借机向其勒索财物，行贿人为了脱身给予民警财物，这种情况下行贿人仍然构成行贿罪。

二、利用影响力受贿罪

利用影响力受贿罪系2009年2月28日通过的《刑法修正案（七)》增设的，是指国家工作人员的近亲属或者其他与该国家工作人员关系密切的人，通过该国家工作人员职务上的行为，或者利用该国家工作人员职权或者地位形成的便利条件，以及离职的国家工作人员或者其近亲属以及其他与其关系密切的人，利用该离职的国家工作人员原职权或者地位形成的便利条件，通过其他国家工作人员职务上的行为，为请托人谋取不正当利益，索取请托人财物或者收受请托人财物，数额较大或者有其他较重情节的行为。

案例3：李某，曾任A市市长、B市委书记；蔡某生，私营企业主。2007年，李某在担任A市市长期间通过招商引资认识了蔡某生，之后便成为朋友，蔡某生与李某家人都熟悉。2014年，蔡某生通过时任B市委书记的李某出面，向B市相关医院领导打招呼，以串通投资等方式，帮助蔡某生朋友黄某获得医院工程项目。之后，黄某支付给蔡某生感谢费200万元。法院经审理认定，蔡某生构成利用影响力受贿罪。

案例4：赵某法，曾任C市副市长，市委常委、政法委书记；马某，私营企业主。2013年1月，马某亲戚许某某被C市纪委立案审查，马某请已退休的赵某法帮忙协调，赵某法承诺帮忙。2017年，赵某法明知马某经营的金矿发生过重大安全事故，仍然受马某请托请该市安监局党组成员、调研员李某帮助该金矿办理了安全生产许可证。赵某法先后收受马某所送钱款共计折合人民币60余万元。法院经审理认定，赵某法构成利用影响力受贿罪。①

解析：认定该罪需要注意的是：

1. 关系密切的人范围。现有法律和司法解释对于关系密切的人范围未有明确界定，一般认为其与国家工作人员之间存在共同利益关系，既包括物质利益，也包括其他方面的利益，常

① 参见（2020）豫02刑初6号，中国裁判文书网。

见的如近亲属、情人、秘书、司机以及关系密切的同学、战友、老乡等，范围要大于“特定关系人”。

2. 关系密切的人索取、收受财物后，未向国家工作人员打招呼，不影响犯罪的成立。关系密切的人基于和国家工作人员之间的特殊关系，只要接受请托，并承诺帮助谋取不正当利益，国家工作人员职务行为的廉洁性就受到了侵犯，已经侵害了法益。

3. 区分受贿罪的共犯。利用影响力犯罪的认定，是以受贿罪的共犯不成立为前提。而根据相关规定，认定共犯的情形主要有以下几种：(1) 国家工作人员与近亲属等关系密切的人共谋，分工合作，一方利用职务便利为请托人谋取利益，另一方负责收受财物；(2) 近亲属等关系密切的人向国家工作人员代为转达请托事项，收受请托人财物后告知国家工作人员；(3) 国家工作人员明知近亲属等关系密切的人收受了请托人财物，仍按照其要求利用职权为其谋取利益。[①] 只有排除以上三种情形，才能成立利用影响力受贿罪。

需要注意的是，对于关系密切的人构成利用影响力受贿罪，而国家工作人员对其收受财物不知情的，不能认定为受贿罪，但是可以作为违纪处理。《纪律处分条例》第九十四条第二款规定：“利用职权或者职务上的影响为他人谋取利益，本

---

① 参见程庆颐：《贪污贿赂罪、渎职罪案件法律适用与案例指导》，人民法院出版社2023年版，第186页。

人的配偶、子女及其配偶等亲属和其他特定关系人收受对方财物，情节较重的，给予警告或者严重警告处分；情节严重的，给予撤销党内职务、留党察看或者开除党籍处分。”

三、非国家工作人员受贿罪

非国家工作人员受贿罪系《刑法》第一百六十三条规定，公司、企业或者其他单位的工作人员，利用职务上的便利，索取他人财物或者非法收受他人财物，为他人谋取利益，数额较大的，处三年以下有期徒刑或者拘役，并处罚金；数额巨大或者有其他严重情节的，处三年以上十年以下有期徒刑，并处罚金；数额特别巨大或者有其他特别严重情节的，处十年以上有期徒刑或者无期徒刑，并处罚金。

案例 5：孟某杰，D 市某商业银行支行原行长。该案中，检察机关将孟某杰非法收受他人财物的事实起诉为两个罪名，2013 年 4 月后认定为受贿，之前的认定为非国家工作人员受贿。2020 年 9 月，孟某杰一审被判处有期徒刑十年三个月。后孟某杰提出上诉，其辩护律师提出，孟某杰不具有国家工作人员身份，依法不构成受贿罪。二审法院经审理认为，D 市某银行部分法人股东系国有独资或国有控股企业，合计持股超 25%；2013 年 9 月，孟某杰经 D 市委某区工委研究决定，担任该支行党委书记；2013 年 4 月、2016 年 3 月，经 D 市银行行长提名，经该市银监局核准，分别聘任为该支行副行长（主持工作）、行长，经 D 市银行行长授权，负责处理银行事务，对该支行及辖内分支机构的国有资产负有监管职责，应当认定为国家工作人员。[①]

案例6： 霍某某，无业人员。2011年6月至2013年12月，被告人霍某某与时任T市某社区党总支书记、居委会主任刘某某（另案处理）等通谋，共同利用刘某某职务上的便利，在该社区城中村改造工程项目过程中，为某公司在工程项目合作、利润分成、规划调整等方面谋取利益，并收受该公司总经理给予的人民币2000余万元。案件在审理中存在分歧意见，主要集中在霍某某利用刘某某的职权是协助政府从事行政管理工作还是管理基层组织集体自治事务，这决定了认定受贿罪还是非国家工作人员受贿罪。经研究最终认定，在城中村改造中，居委会职责包括对开发商的选择、利润分成的决定、协助开发商提高容积率等，既有政府的授权，也有自身管理职权，很难截然分开。根据刑法谦抑原则，无法区分究竟是何种职务便利的，从有利于被告人的角度出发，以处罚较轻的非国家工作人员受贿罪追究刑事责任。[②]

解析： 主体问题，是查办职务犯罪案件首先要考虑的问题。因为不同的主体可能涉及不同的罪名，属于不同机关管辖等问题。我国刑法根据犯罪主体性质的不同，规定了受贿罪和

---

① 参见孟某杰受贿、非国家工作人员受贿、违法发放贷款案（2019）鲁0213刑初615号，中国裁判文书网。

② 最高人民法院刑事审判第二庭：《职务犯罪审判指导》（第1辑），法律出版社2022年版，第1—5页。

非国家工作人员受贿罪两个不同罪名，且处以不同的刑罚。受贿罪最高可以判处死刑，而非国家工作人员受贿罪最高可判处无期徒刑。

1. 关于国家出资企业中国家工作人员的认定。根据 2010 年最高人民法院、最高人民检察院《关于办理国家出资企业中职务犯罪案件具体应用法律若干问题的意见》规定，经国家机关、国有公司、企业、事业单位提名、推荐、任命、批准等，在国有控股、参股公司及其分支机构中从事公务的人员，应当认定为国家工作人员。经国家出资企业中负有管理、监督国有资产职责的组织批准或者研究决定，代表其在国有控股、参股公司及其分支机构中从事组织、领导、监督、经营、管理工作的人员，应当认定为国家工作人员。

2. 关于村委会等基层组织人员中国家工作人员的认定。根据法律规定及相关立法解释，村委会等基层组织人员协助人民政府从事下列行政管理工作时，属于“其他依照法律从事公务的人员”：(一) 救灾、抢险、防汛、优抚、扶贫、移民、救济款物的管理；(二) 社会捐助公益事业款物的管理；(三) 国有土地的经营和管理；(四) 土地征收、征用补偿费用的管理；(五) 代征、代缴税款；(六) 有关计划生育、户籍、征兵工作；(七) 协助人民政府从事的其他行政管理工作。

四、介绍贿赂罪

介绍贿赂罪系《刑法》第三百九十二条规定，是指在行贿人和受贿人之间沟通关系、撮合条件，使贿赂行为得以实现的行为。犯该罪的，处三年以下有期徒刑或者拘役，并处罚金。

案例7：宋某某，某区卫生局原局长；张某某，宋某某朋友。2011年，张某某受医疗设备经销商王某请托，介绍其与宋某某认识。2011年至2016年，受王某请托，宋某某通过透露医院工程信息、医疗设备采购计划等方式帮助王某公司中标多个项目。其间，经张某某出面联系邀请，宋某某先后多次接受王某的宴请并收受王某给予的现金160万元。同时，张某某也收受王某给予的钱款80万元。[①]

案例8：刚某，某市交警大队某中队辅警，负责材料、信息工作；吴某某，某市交警大队某中队辅警，负责非现场交通违法处理工作。经刚某怂恿和劝说，吴某某同意帮助“黄牛”张某某违法处理他人交通违法行为。自2017年10月至2018年6月，刚某伙同吴某某利用吴某某职务之便，帮助张某某违法处理他人交通违法行为，累计收受张某某给予的钱款47万余元。在此过程中，刚某和吴某某商量，按照每处理一罚分收取20元（后涨到30元）的标准，且每次钱款都由张某某先给予刚某，再由刚某通过微信转账形式负责分配。[②]

---

① 参见张某某介绍贿赂案（2017）沪0104刑初997号，中国裁判文书网。

② 参见最高人民法院刑事审判第一、二、三、四、五庭：《刑事审判参考》第1446号典型案例。

解析：认定介绍贿赂罪应注意以下两点：

1. 介绍贿赂罪与行受贿犯罪共犯的区别。实践中，介绍贿赂罪与行受贿犯罪的共犯有时不易区分。由于刑期差距很大，介绍贿赂罪的法定最高刑为有期徒刑 3 年，而行贿罪与受贿罪的法定最高刑分别为无期徒刑和死刑，一旦认定错误对当事人权益影响很大。介绍贿赂罪的本质是为行受贿行为提供信息、引荐、沟通、撮合等居间服务，行为人主观上认识到自己处于“中间人”地位，而不是与行贿人或者受贿人有共同故意，客观上通过“牵线搭桥”，促使行贿与受贿得以实现，如上述案例 7。介绍贿赂罪要求行为人不得参与行受贿任何一方实施犯罪构成要件的实行行为，否则行为人就符合行受贿一方共犯的行为特征，成立行贿或者受贿犯罪的共犯，如案例 8，刚某在案件中远非吴某某和张某某之间的中介，而是深度参与受贿行为，与吴某某在谋利事项、收受财物标准、形式等方面存在同谋，符合受贿罪共犯的特征。

2. 可以从宽处罚的情形。根据规定，介绍贿赂人在被追诉前主动交代介绍贿赂行为的，可以减轻处罚或者免除处罚。

五、巨额财产来源不明罪

巨额财产来源不明罪，系《刑法》第三百九十五条规定，国家工作人员的财产、支出明显超过合法收入，差额巨大的，可以责令该国家工作人员说明来源，不能说明来源的，差额部分以非法所得论，处五年以下有期徒刑或者拘役；差额特别巨大的，处五年以上十年以下有期徒刑。

案例9：向某某，上海市某区教育局工作人员。2009年至2023年，向某某负责该区教育信息化项目招标采购和建设中的牵头组织和项目验收工作。在此期间，向某某利用职务便利为他人谋取利益，非法收受多家公司好处费500余万元。2012年至2023年间，向某某及其家庭成员名下相关银行卡存在巨额存现情况，其中400余万元不能说明来源。①

案例10：李某来，某市城市河湖管理处原主任、党委原副书记。经查，李某来身为国家工作人员，其财产、支出明显超过合法收入，其中有1165万元差额不能说明来源，涉嫌巨额财产来源不明犯罪。此外，李某来另有贪污、受贿罪事实。法院经审理，数罪并罚判处有期徒刑十五年六个月，并处罚金二百万元。②

解析：认定巨额财产来源不明罪应注意以下几点：

1. 巨额财产来源不明罪的计算。资产+支出-收入-已查明犯罪金额=巨额财产来源不明数额。其中，资产=银行账户余额+股票、理财、保险、基金总额+现金余额+其他；支出=家庭一般消费支出+购房（含装修）、车支出+工作、学习支出+炒股、理财等损失+借出金额+罚款、行贿等支出+其他；收入

---

① 参见《一教育局工作人员受贿500万，巨额财产来源不明！获刑十二年》，正义网，2024年7月15日。

② 参见《巨额财产来源不明的罪与罚》，载《中国纪检监察报》2021年4月21日，第5版。

=工资、奖金、补贴等+售房收入+接受赠与、继承收入+炒股收入+理财、保险、基金收入+其他。在案件办理中，结合具体情况套用该公式即可。值得注意的是，巨额财产来源不明罪的取证烦琐、量大，有些数据取证难度较高，需要大量认真细致的工作，必要时可委托相关鉴定中心司法会计进行专业技术协助。

2. 不能说明来源的含义。根据相关规定，不能说明来源包括以下几种情况：（1）行为人拒不说明财产来源；（2）行为人无法说明财产的具体来源；（3）行为人所说的财产来源经办案机关查证并不属实；（4）行为人所说的财产来源因线索不具体等原因，办案机关无法查实，但能排除存在来源合法的可能性和合理性的。

3. 巨额财产来源不明罪与登记上交。登记上交，来源于1995年中共中央办公厅、国务院办公厅《关于对党和国家机关工作人员在国内交往中收受礼品实行登记制度的规定》，《监督执纪工作规则》将其吸收作为纪检监察机关涉案款物处置方式之一。登记上交主要是指相关人员承认其持有的特定财物为违纪所得，并主动提交书面说明材料、上交财物，但因证据不足，无法认定上交财物为违纪所得的情形。登记上交与刑法中规定巨额财产来源不明罪有相似之处，根据以上界定，如果被审查调查人对于合法收入外的大额财产，承认是为违纪所得，但不能具体到哪个人，应登记上交处理；如果不说明来源的，则构成巨额财产来源不明罪。

六、洗钱罪

洗钱罪系《刑法》第一百九十一条规定的罪名，是指为掩饰、隐瞒毒品犯罪、走私犯罪、贪污贿赂犯罪等七类犯罪的所得及其产生的收益的来源和性质，有实施提供资金账户的，将财产转换为现金、金融票据、有价证券的，通过转账或者其他支付结算方式转移资金的，跨境转移资产和以其他方法掩饰、隐瞒犯罪所得及其收益的来源和性质的行为，处五年以下有期徒刑或者拘役，并处或者单处罚金；情节严重的，处五年以上十年以下有期徒刑，并处罚金。

案例 11：马某益，某投资公司原法定代表人。2002 年至 2019 年，马某益之兄马某军在担任某地国有石化公司物资采购部副经理、主任等职务期间，收受他人贿赂。其中，2002 年，马某军收受徐某 100 万元人民币，并用于购买理财产品。2004 年上半年，理财产品到期后，马某军将本金和收益共计 109 万元转至马某益的银行账户，后马某益将该款用于经营活动。2015 年，马某军收受赵某 8 万美元现金后交给马某益，马某益分 16 次将上述现金存入本人银行账户用于投资理财产品。此外，马某益与马某军还存在共同受贿行为，其中马某军利用职务便利为徐某公司谋利后，2008 年，授意徐某向马某益银行账户转款 65 万元；2010 年，转款 100 万元。马某益收款后均告知马某军。法院经审理，以受贿罪和洗钱罪并罚，判处马某益有期徒刑十年六个月，并处罚金六十万元。[①]

案例 12：陈某，某国有公司原总经理。陈某利用职务便利在工程承包中为杨某某谋取利益，收受杨某某贿赂 260 万元，并安排其代为保管，待需要时取用。2021 年 3 月，杨某某根据陈某要求，分数次共转账 159 万余元至陈某同学舒某账户，舒某以自己名义用该款帮陈某购买房产、家具。2021 年 3 月，陈某利用职务便利为夏某在工程项目中提供帮助，收受夏某所送现金 100 万元，同年 4 月陈某将其中 50 万元交给朋友让其用自己的账户为他炒股。法院经审理，以受贿罪、洗钱罪并罚，判处陈某有期徒刑十一年，并处罚金 70 万元。[②]

解析：认定洗钱犯罪应注意以下几点：

1. 与受贿罪共犯区别。洗钱罪是受贿罪等上游犯罪完成、取得或控制犯罪所得及其收益后实施新的犯罪活动。如果在受贿犯罪实施过程中提供资金账户、协助转款等帮助行为的，属于受贿犯罪的组成部分，应认定为共犯，不能单独认定为洗钱罪。

2. 与掩饰、隐瞒犯罪所得、犯罪所得收益罪区别。洗钱罪与掩饰、隐瞒犯罪所得、犯罪所得收益罪是刑法特别规定与一般规定的关系，行为人掩饰、隐瞒犯罪所得及其收益的行为同

---

① 参见 2022 年 11 月最高人民检察院发布的检察机关惩治洗钱犯罪典型案例之一。

② 参见《用贿款买房炒股为何是自洗钱》，载《中国纪检监察报》2022 年 5 月 25 日，第 5 版。

时构成该两罪名时，应依照洗钱罪追究刑事责任。

3. 认定自洗钱犯罪要把握两个标准。一是时间要求。2021 年 3 月 1 日《刑法修正案（十一）》施行后，自洗钱行为才可能构成犯罪。根据刑法从旧兼从轻原则，行为必须发生在 2021 年 3 月 1 日之后。二是行为特征要求。洗的特点是将赃款“漂白”，使犯罪所得的性质发生质的变化。根据最高人民法院、最高人民检察院《关于办理洗钱刑事案件适用法律若干问题的解释》，以其他方法掩饰、隐瞒犯罪所得及其收益的来源和性质的行为包括：（1）通过典当、租赁、买卖、投资、拍卖、购买金融产品；（2）通过与商场、饭店、娱乐场所等现金密集型场所的经营收入相混合；（3）通过虚构交易、虚设债权债务、虚假担保、虚报收入；（4）通过买卖彩票、奖券、储值卡、黄金等金属；（5）通过赌博；（6）通过“虚拟资产”交易、金融资产兑换等方式，转移、转化犯罪所得及其收益。仅将赃款存入自己的账户，藏匿于保险柜、住处等，或用于一般性日常消费等未刻意转变非法所得及收益性状和本质的行为，不认为是“自洗钱”。

4. 洗钱犯罪属于公安机关管辖。根据相关规定，纪检监察机关在办理职务犯罪案件中，如果发现国家工作人员涉嫌“自洗钱”犯罪的，应当及时收集固定自洗钱犯罪相关证据，并将犯罪线索及相关证据材料移送公安机关办理；自洗钱犯罪事实已经查明且确有必要时，也可以将自洗钱犯罪事实列入起诉意见书相应职务犯罪事实中叙明，移送检察机关审查起诉。如果发现涉案人员涉嫌“他洗钱”的，应当及时将有关犯罪线索移送有管辖权的公安机关。

七、滥用职权犯罪

受贿犯罪，往往伴随着权力的滥用，可能涉及滥用职权犯罪。《刑法》第三百九十七条规定，国家机关工作人员滥用职权，致使公共财产、国家和人民利益遭受重大损失的，处三年以下有期徒刑或者拘役；情节特别严重的，处三年以上七年以下有期徒刑。

案例 13：卢某，某市粮食和物资储备局原二级巡视员。2016 年至 2020 年，被告人卢某利用担任某市粮食局局长、某市粮食和物资储备局局长等职务便利或职务影响，为某投资集团有限公司、王某某等单位和个人在企业经营、诉讼活动、职务晋升等事项上提供帮助，先后收受上述单位和个人给予的财物共计价值 749 万余元。2019 年至 2020 年，卢某接受王某某请托，违反“三重一大”决策程序与相关审批规定，未经报批、未依法委托评估，违规决定下属单位某粮油食品连锁有限公司对外投资，高价收购王某某实际控制的公司所持有的某商业银行股权，造成国有资产损失 1030 万元。法院经审理，以卢某犯受贿罪、滥用职权罪数罪并罚，决定合并执行有期徒刑十二年六个月，并处罚金 70 万元。[①]

---

① 参见 2023 年 12 月最高人民检察院发布的粮食购销领域职务犯罪典型案例。

案例14：赵某，某县质监局原局长。2012年12月，该县质监局对某食品公司生产的燕麦片进行抽检发现质量不合格，该批次货值4万元，按照规定应罚款5倍即20万元，而赵某决定只罚款2.4万元；2013年10月，该县质监局根据群众举报对某食品公司进行检查，发现该公司生产的火锅料系过期食品重新包装而成，应罚款36万余元，赵某决定只罚款19万余元。另查明，赵某利用职务便利收受贿赂11万元。法院经审理认为，赵某作为国家工作人员，在收受贿赂后不按照规定对行政相对人进行处罚，应罚未罚的金额系给国家造成的损失，应以赵某犯受贿罪、滥用职权罪数罪并罚，决定合并执行有期徒刑十年零六个月，并处没收个人财产5万元。[①]

解析：认定滥用职权犯罪，要遵循从客观到主观的顺序，注意以下几点：

1. 客观方面，包括三个要件：一是行为人实施了滥用职权的行为，如超越职权，擅自决定或者处理自己没有权限的事项，也包括不履行或不正确履行职责，而认定违规行为的前提是查明行为人的职权职责。二是滥用职权行为要造成重大损失的严重后果。根据2012年最高人民法院、最高人民检察院《关于办理渎职犯罪刑事案件适用法律若干问题的解释（一）》规定，"重大损失"是指造成死亡1人以上，或者重伤3人以

① 参见2015年8月最高人民检察院发布检察机关依法查处食品安全司法保护典型案例。

上，或者轻伤 9 人以上，或者重伤 2 人、轻伤 3 人以上，或者重伤 1 人、轻伤 6 人以上的；造成经济损失 30 万元以上的；造成恶劣社会影响的等。“经济损失”是指渎职犯罪或者与渎职犯罪相关联的犯罪立案时已经实际造成的财产损失，包括为挽回犯罪所造成损失而支付的各种开支、费用等，而立案后追回的损失不能扣减，但可以作为酌定从轻情节。实践中，要注意对债权形式损失的把握，必须要满足“债权人经法定程序被宣告破产，债务人潜逃、去向不明，或者因行为人的责任超过诉讼时效”等情形，致使债权已经无法实现。三是行为和后果之间的因果关系。在“多因一果”的情况下，一般通过行为人的行为导致结果发生的可能性大小、介入因素对结果发生的作用大小、介入因素的异常程度等来判断。

2. 犯罪主体是国家机关工作人员，事业单位和国有企业单位工作人员不能作为该罪主体。主观方面表现为故意，行为人明知自己的行为会致使公共财产、国家和人民利益遭受重大损失的结果，并且希望或者放任这种结果的发生。

3. 和受贿罪并罚问题。根据相关司法解释，国家工作人员实施渎职犯罪并收受贿赂的，除法律另有规定外，应数罪并罚。

4. 纪法衔接的问题。案件处理中，如果没有达到法定的危害结果，或者滥用职权行为与危害后果之间没有刑法上的因果关系，无法认定为滥用职权犯罪的，可以给予相应的党纪政务处分。

八、玩忽职守犯罪

玩忽职守罪和滥用职权罪都是《刑法》第三百九十七条规定，是指国家机关工作人员严重不负责任，不履行或者不正确履行职责，致使公共财产、国家和人民利益遭受重大损失的行为。

案例15：杨某玩忽职守、受贿案。[①] 杨某，深圳市公安局某派出所原所长。经查，1999年，王某在该派出所辖区内成立某歌舞厅，2006年被吊销营业执照。2007年9月，王某在未经相关部门审批的情况下，继续经营该歌舞厅。该派出所民警在日常检查中，发现王某无法提供消防许可证、经营许可证等证件，营业执照也有问题，且存在涉黄涉毒等治安隐患。杨某在得知情况后，没有依法督促民警及时取缔该歌舞厅，也没有责令其停业整顿。2008年9月，该歌舞厅发生特大火灾，造成44人死亡、64人受伤的严重后果。另查明，2007年至2008年，杨某收受王某好处费30万元。法院经审理认为，杨某作为派出所所长，对辖区内娱乐场所负有监督管理职责。其明知王某歌舞厅未取得合法的营业执照擅自经营，且存在众多消防、治安隐患，但严重不负责任，不认真履行职责，使本应停业整顿、被取缔的歌舞厅持续违法经营，并最终导致发生特大消防事故，造成人民群众生命财产重大损失，情节特别严重，以玩

① 最高人民法院《人民法院案例库》参考案例，入库编号：2025-18-1-417-001。

忽职守罪判处杨某有期徒刑五年。

案例16：龚某玩忽职守案。[①] 龚某，四川省某地区车辆管理所体检员。1998年12月，某村民蒋某凡持有的驾驶证到期后，向龚某所在的交通警察大队申请换证。1999年3月，龚某收到蒋某凡提交的《机动车驾驶证申请表》后，在既未对其进行体检，也未要求其到指定的医院体检的情况下，违反规定自行在申请表中“视力”栏中填写“5.2”，在“有无妨碍驾驶疾病及生理缺陷”栏中填写“无”，致使左眼视力失明的蒋某凡换领了驾驶证。此后三年的审检（非龚某负责）中，蒋都通过了检查。2002年8月，蒋某凡驾驶的一辆中型客车途中翻覆，造成26人死亡、4人受伤的特大交通事故。经调查，蒋对事故负有全部责任。法院经审理认为，龚某在蒋某凡申请换证时未履行对其身体进行检查的职责，玩忽职守行为客观存在，但其失职行为与事故之间不存在刑法上的因果关系，不能认定构成玩忽职守罪。

解析：认定玩忽职守犯罪，应注意以下几点：

1. 犯罪主体，是国家机关工作人员，应当以国家机关中从事公务或者行使职权为判断标准。需要注意的是，被临时借调、聘用等人员虽未列入国家机关人员编制，但在国家机关中从事公务，代表国家机关行使职权时，也符合渎职犯罪主体

---

① 参见最高人民法院刑事审判第一、二、三、四、五庭：《刑事审判参考》第294号指导案例。

要求。

2. 主观方面，由过失构成，由于疏忽大意或者过于自信，导致不履行或不正确履行职责，从而造成重大损失。这是玩忽职守罪与滥用职权罪的重要区别。

3. 客观方面，既要实施玩忽职守行为，可以是作为，也可以是不作为，也要有严重后果，并且玩忽职守行为对危害结果的发生具有刑法上的“原因力”，即具有刑法意义上的因果关系。实践中，对于单独行为引发的危害结果，这种因果关系容易判断。而对于“多因一果”的情况下，因果关系的认定就变得较为复杂。我们在判断时，需要考虑渎职行为直接导致结果发生的概率，如果概率高，一般认为存在因果关系。对于其他介入因素，则要考虑是否会对前面因果关系产生阻却影响，包括介入因素是否异常，以及介入因素对结果发生影响力大小。如果出现不常见的介入因素，或者该因素对结果的影响力大于渎职行为，则会影响因果关系的认定。如上述龚某玩忽职守案，蒋的违章驾驶行为（介入因素 1）是导致事故发生的直接原因，而龚某违规出具的虚假体检结论效力只有 1 年，在后面年度审检中，相关人员如果认真履行了职责（介入因素 2），则蒋不可能通过审验，也就不可能从事驾驶工作，所以龚某的失职行为与交通事故之间不存在刑法上的因果关系。

4. 玩忽职守罪与其他玩忽职守型犯罪的关系。我国刑法除规定玩忽职守罪外，还有许多玩忽职守型的渎职犯罪，比如失职致使在押人员脱逃罪，国家机关工作人员签订、履行合同失职被骗罪，环境监管失职罪，传染性防治失职罪等，两者之间的关系属于法条竞合，依照特别法条优于一般法条的原则，对于符合特殊类型玩忽职守犯罪构成要件的，按照相应罪名处理。

第三节　量刑问题

刑法中的量刑情节，包括犯罪未遂、自首、立功等从宽处罚情节，以及索贿等从重处罚情节。

一、如何认定犯罪未遂?

根据《刑法》第二十三条规定，犯罪未遂是指已经着手实施犯罪，但由于犯罪分子意志以外的原因而未得逞的。对于未遂犯，可以比照既遂犯从轻或者减轻处罚。

案例 1：苏某某受贿、国有企业人员滥用职权案。苏某某，某国有企业原董事长。该案中，苏某某利用职务便利或影响为私营企业主赵某某在物资采购、工程承揽等方面提供帮助，通过胞弟收受赵某某 300 余万元，另有约定的 600 万元好处费由赵某某代管，随用随取，至案发时尚未给予。辩护人提出，该 600 万元不应计入苏的受贿数额。法庭经审理认为，赵某某与苏某某胞弟就贿赂一事达成协议，约定明确的“返点”比例，除已经支付的 300 余万元外，还要给予 600 万元。苏对此知情。故对该 600 万元苏在主观上有受贿的故意，由于意志以外的原因而未实际取得，应当认定为受贿未遂，辩护意见不成立。

案例 2：于某受贿案。[①] 该案中，于某利用职务便利以及职权地位形成的便利条件，直接或通过其他国家工作人员职务上的行为，为山东某公司在工程承揽、人员工作调动等方面提供帮助，先后 2 次索取或收受该公司董事长王某某给予的人民币 90 万元、价值 1532 万余元的别墅一套。该别墅一直登记在行贿人王某某名下。购买时，王某某首付 649 万余元，并用该别墅贷款 883 万余元，其与于某约定贷款由王某某自行偿还，至案发时尚有 831 万余元本金未还清。法院经审理认为，行为人收受他人尚未变更权属登记的房产，不影响受贿认定，受贿金额按照涉案房产总体价值确定。由于该别墅设立抵押，会影响受贿人控制房产经济价值的份额和数额，所以尚未清偿的按揭贷款部分，应认定为犯罪未遂。

案例 3：朱某平受贿案[②]。朱某平，某区区委原书记。该案中，朱收受行贿人吴某某房产一套，为规避调查，让其转移至自己实际控制的公司名下。后吴某某因为资金周转困难，利用代办公司年检手续的机会，又将该房产用于抵押贷款供自己经营使用，案发时尚未还清。该行为是受贿既遂还是未遂引发争议。法庭经审理认为，从该房屋过户至朱实际控制公司名下之

---

① 最高人民法院《人民法院案例库》参考案例，入库编号：2023-03-1-404-006。

② 参见最高人民法院刑事审判第一、二、三、四、五庭：《刑事审判参考》第 1145 号指导案例。

日起，受贿已经完成，吴某某将该房产抵押属于受贿完成后的事后行为，并不影响犯罪形态。

案例4：姜某受贿案。姜某，曾任某市财政局局长，市委常委、副市长。该案中，姜某利用职务便利，为某环境工程公司负责人凌某在承接业务、提高银行授信额度等事项上提供帮助。2012年，凌某向姜某口头提出送给其公司10%的股份，姜某同意，并让其代持。此后，凌某多次向姜某表达送其股份的意思，并将该公司重要经营情况及时向姜某报告，姜某也积极帮其解决困难。2015年，凌某在该公司持股比例发生变化时，再次向姜某表示，送给其10%股份没有变，姜某表示同意，双方约定待姜某退休后再决定将股份变现还是变更登记至姜某名下。至案发，上述股份仍在凌某名下，未办理股权转让登记。法庭经审理，认定该笔事实为受贿未遂。

解析：受贿案件中，通常以行为人实际控制财物为既遂的标准。此处使用的是控制，不是占有，除直接占有外，“使用、收益和处分”情况都是判断是否实际控制的标准。上述案例中，无论是现金、房产、股权，只要能够证明已经实际控制该财物（财产性利益）即为既遂，至于既遂后的处置就是另一回事了。

需要注意的是，实践中对于存在代持关系的既未遂的认定，比较复杂，需要具体问题具体分析。

1. 代持钱款。对于行贿人代为保管钱款的，如果行贿人按照要求将钱款单独存放（受贿人掌管密码或钥匙），或者按照受贿人意思用于投资理财等特定处置的，通常认定为既遂；如果行贿人将该钱款与个人钱款混同使用，如何认定存在争议，有的认为根据行受贿双方之间的密切关系、行贿人的支付能力，可以做到随用随取的，应当认定为既遂。

2. 代持房产。对于行贿人代为保管房屋（未办理转让登记）的，如果受贿人实际居住使用，或者虽未居住，但行贿人根据受贿人意思对房屋进行装修、出租或者处置的，通常认定为既遂。[①]

3. 代持股份。要区分受贿方还是行贿方代持。（1）若是受贿方即领导干部指定的人代持的，已经和行贿人完成转让登记或者签署转让协议，通常视同领导干部实际持有，认定既遂；（2）若是行贿方即行贿人及其指定的人替领导干部代持的，没有代持协议，但能够证明受贿人实际取得分红、转让他人或行贿人回购变现等控制行为的，可认定既遂；否则，受贿人对股权的控制需要行贿人的配合，其能否实现股权价值处于不确定状态，通常认定为未遂。

办案中还应注意区分犯罪未遂与不构成犯罪的关系，不能将未遂形态直接等同于犯罪不成立，因为这还关系受贿数额的认定以及款物的追缴（从行贿人处）问题。

关于受贿案件中既有既遂也有未遂时的量刑问题，参考2011年最高人民法院、最高人民检察院《关于办理诈骗刑事案

① 参见王晓东、段凰：《贿赂犯罪既未遂疑难问题研究》，载《法律适用》2023年第11期。

件具体应用法律若干问题的解释》第六条规定："诈骗既有既遂，也有未遂，分别达到不同量刑幅度的，依照处罚较重的规定处罚；达到同一量刑幅度的，以诈骗罪既遂处罚。"在受贿案件具体处理中，首先分别根据既遂和未遂数额判定各自对应的量刑幅度。如果既遂部分较重或者既遂未遂对应的幅度相同，按照既遂对应的幅度为基础，未遂部分酌情从重处罚；如果未遂部分对应的幅度较重，则以未遂部分为基础，既遂部分酌情从重处罚。①

二、如何认定具有自首情节？

根据《刑法》第六十七条规定，自首是指犯罪以后自动投案，如实供述自己的罪行。认定自首的，可以从轻或者减轻处罚。其中犯罪较轻的，可以免除处罚。自首属于法定从宽处罚情节。党的十八大以来，在反腐败高压态势下，一大批腐败分子选择主动投案。

案例 5：卢某波受贿案②。卢某波，山东某县农业局原党组书记、局长。2019 年 10 月 8 日，该县纪委监委对其有关问题线索进行初核，同年 10 月 24 日决定对其立案审查调查，同日，卢某波被办案人员电话通知到该县纪委监委办案点接受谈话。到案后，主动交代了纪检监察机关已经掌握的和未掌握的受贿

---

① 参考程庆颐主编：《贪污贿赂罪、渎职罪案件法律适用与案例指导》，人民法院出版社 2023 年版，第 144 页。

② 参见（2020）鲁 11 刑终 83 号，中国裁判文书网。

事实。一审法院未认定卢某波具有自首情节，检察机关提起抗诉，认为卢某波主动投案并如实供述自己的罪行，一审法院未认定自首系事实认定错误，适用法律不当；二审法院经审理认为，卢某波被办案机关电话通知后主动到案，在第一次谈话笔录（当时还未宣布留置）中即如实供述了办案机关已经掌握的犯罪事实，以后的讯问中又陆续交代办案机关不掌握的其他犯罪事实，构成自首，抗诉意见成立，法院予以支持。

解析：根据《刑法》相关规定，认定自首，要把握好自动投案和如实供述罪行两个要件。《监察法实施条例》第二百四十五条规定："涉嫌职务犯罪的被调查人具有下列情形之一，如实交代自己主要犯罪事实的，可以认定为《监察法》第三十四条第一项规定的自动投案，真诚悔罪悔过：（一）职务犯罪问题未被监察机关掌握或者监察机关正在就有关问题线索进行适当了解时，向监察机关投案的；（二）在监察机关谈话、函询过程中，如实交代监察机关未掌握的涉嫌职务犯罪问题的；（三）在初步核实阶段，尚未受到监察机关谈话时投案的；（四）职务犯罪问题虽被监察机关立案，但尚未受到讯问或者采取监察强制措施，向监察机关投案的；（五）因伤病等客观原因无法前往投案，先委托他人代为表达投案意愿，或者以书信、网络、电话、传真等方式表达投案意愿，后到监察机关接受处理的；（六）涉嫌职务犯罪潜逃后又投案，包括在被通缉、抓捕过程中投案的；……（十）具有其他应当视为自动投案的情形的。被调查人自动投案后不能如实交代自己的主要犯罪事实，或者自动投案并如实供述自己的罪行后又翻供的，不能适用前款规定。”据此，就职务犯罪而言，“主动投案”应当具备上述十种情形之一，而“如实供述罪行”指的是如实交代自己主要犯罪事实，且保持稳定的情形。

实践中，对于经纪委监委或者派驻纪检监察组通知到案的是否认定为“自动投案”存在较大争议。“肯定论”认为，与普通刑事犯罪一样，对象接到办案机关电话后有机会逃跑而选择自己置于办案机关控制之下，能够体现投案的主动性和自愿性，可以认定为自动投案。而“否定论”认为，职务犯罪具有特殊性，应当把握更严格的标准，主要理由是：国家工作人员工作和行踪的稳定性，通常不存在“可以逃而不逃”的选择可能性；国家工作人员的特殊义务；对象到案的主观心态，接到电话通知后可能没有联想到自己的犯罪行为。[①] 笔者认为，对此种类型能否认定为“自动投案”，要根据上述条例规定的精神，不宜掌握过严，能否最终认定“自首”还有“如实供述罪行”条件，否则会人为降低自首条款的应用，影响查办贪腐案件的法律和社会效果。本案中，卢某波接受电话通知后主动、自愿到案，且在办案机关尚未进行正式讯问谈话，也未宣布留置措施前如实供述自己的主要犯罪事实，符合《监察法实施条例》相关规定，应当认定为自首。

---

① 参见最高人民法院刑事审判第二庭：《职务犯罪审判指导》（第3辑），法律出版社2024年版，第22—26页。

此外，还应把握好“特别自首”的认定。到案后，主动交代办案机关尚未掌握的不同种犯罪事实的，可以认定为自首，比如办案机关之前掌握被调查人涉嫌受贿的问题，谈话时其主动交代自己涉嫌行贿犯罪事实，对其行贿问题可认定为自首。

三、如何认定具有立功情节？

根据《刑法》第六十八条规定，立功是指犯罪分子有揭发他人犯罪行为，查证属实的，或者提供重要线索，从而得以侦破其他案件等。认定立功后，可以从轻或者减轻处罚；有重要立功表现的，可以减轻或者免除处罚。

案例 6：熊某受贿案[①]。熊某，某县教育局原副局长。经查，熊某利用职务便利，在学校招生、设备采购等方面为他人谋取利益，收受贿赂 89 万余元。在纪委监委调查期间，熊某主动提交了“关于检举邓某问题的材料”，检举揭发另一国家工作人员邓某收受有关人员财物的问题。后该县纪委监委根据熊某提供的线索，对邓某立案审查调查，并给予党纪政务处分，但未移送司法。该案一审未认定熊某具有立功情节，主要原因是邓某未被追究刑事责任。二审法院经审理认为，熊某检举邓某的受贿行为查证属实，虽然邓某未被移送司法，但不影响立功的成立，对一审判决进行改判。

解析：认定立功，应注意以下几点：一是检举揭发的犯罪

---

① 参见《职务犯罪中揭发型立功应如何认定》，载《检察日报》2022 年 9 月 6 日，第 7 版。

问题线索要具体，指向明确，具有可查性，而不能泛泛讲听说他人有腐败问题；二是“查证属实”的认定依据，应当以纪委监委的立案审查调查决定为标准，而不是以案件的审查起诉、审判为标准；三是检举他人的一般违纪线索，即便查证属实，也不属于法律意义上的立功。审查调查中，要注意收集、固定立功的相关证据。比如，要有被调查人检举揭发他人犯罪的事实及查证情况的说明，并提供有关机关查证情况的证据，如立案、公诉或审判的相应法律文书。

此外，有几种不属于立功的情形：一是除坦白受贿事实外，还主动交代自己向他人行贿的事实；二是因原担任查禁犯罪等职务获取的，比如原公安机关、检察机关人员以往的工作中接触的举报线索；三是其他采取非法方式获取的立功线索。

四、如何认定具有索贿情节？

索贿不是独立的罪名，是受贿犯罪的一种方式，索要并收取的意思。考虑到索贿对国家工作人员职务廉洁性的危害比一般受贿更大，社会影响更恶劣，《刑法》第三百八十六条规定要从重处罚。

案例 7：吴某松受贿、行贿案[①]。吴某松，某市委原书记。该案中，辩护人提出，吴某松收受行贿人王某 1980 年版生肖猴纪念票 6 版、全国山河一片红邮票 3 版的行为不是索贿。理由是王某先主动行贿了 2 版猴票，又表示以后会继续行贿，在

① 参见（2017）辽 04 刑初 5 号，中国裁判文书网。

这种情况下吴某松根据自己的爱好和所求提出受贿的范围，不是索贿而是受贿的选项。且王某后期还主动给吴某松行贿了300多万元，不存在前后都是主动行贿，而中间系非自愿行贿的情形。法庭经审理认为，吴某松与王某之间交往较深，谋利行为一直处于持续状态，王某的行贿行为也一直比较主动，故不宜认定吴某松在该犯罪事实中具有索贿情节，采纳了辩护意见。

案例8：吴某徕受贿案[①]。吴某徕，某省高速公路建设开发公司原经理。在担任公路公司经理期间，某公司股东徐某某多次找到吴某徕，要求承接某高速所需钢绞线供应业务。吴原计划安排其情妇赵某某承接该业务，便以“让领导的朋友退出”为由，让徐某某给予“领导的朋友”好处费100万元。后吴利用职务便利，帮助徐某某公司承接项目，徐按约定给予赵某某100万元。该案中，辩护人认为，这种方式不属于索贿。法庭认为，吴某徕通过虚构事实、隐瞒真相的欺骗方式，并不改变其主动索要贿赂的实质，不影响索贿的成立。

解析：索贿的判断，主要从两个方面，一是行受贿双方谁先提出；二是是否违背行贿人意愿。前者是形式上的标准，实践中不少人持这种观点，通过哪一方最先提出来加以判断；后者是实质的标准，更强调意志的强迫性。笔者认为，应当坚持实质标准。有时虽然是受贿人先提出，但是行贿人心甘情愿，

---

① 参见最高人民法院刑事审判第一、二、三、四、五庭：《刑事审判参考》第1147号指导案例。

甚至求之不得，此时就不能认定为索要。鉴于索贿行为要从重处罚，所以要慎之又慎，取证中要注意收集相关证据。

第四节　证据问题

证据是认定案件事实的基础。审查调查收集的证据要经得起法庭上律师的质证，经得起实践的检验。庭审中，律师往往从案件证据入手，围绕着证据的合法性、真实性和关联性提出辩护意见。作为办案人员，应当具备逆向思维，通过律师提出的意见，查找审查调查取证中存在的突出问题和不足，进而提高取证的质效。

一、鉴定相关问题

案例 1：杨某成受贿案[①]。杨某成，某市体育局原党委书记。该案中，辩护律师提出涉案字画的真假是以该市物价局价格认定中心的“价格认定结论书”为依据，该价格认定中心无对字画真实性鉴定的资质和能力。虽然该中心聘请有关专家对涉案字画进行了现场查验，确定真伪后对价格进行认定，但无专家身份、资质、签名等，不符合刑事诉讼法关于鉴定的相关规定，要求重新鉴定。法庭经审理，采纳了辩护意见，委托国家文物局指定的涉案文物鉴定评估机关对涉案字画进行真伪

① 参见最高人民法院刑事审判第一、二、三、四、五庭：《刑事审判参考》第 1400 号指导案例。

鉴定。

案例 2：倪某某受贿案。该案中，辩护律师提出，被告人收受的玉石中有 7 块未经鉴定即以买入价认定为受贿数额不当。法庭经审理认为，涉案物品的价格，应当根据其价格的有效证明予以确定。价格不明或者价格难以确定的，应当估价。辩护人所提 7 块玉石的价格，均有出售人、购买人的证言及相关转账凭证等书证予以证明，据此可以准确认定涉案玉石的价格，无须通过价格鉴定的方式确定，故对辩护意见不予采纳。

案例 3：曲某受贿案。该案中，关于曲某收受私营企业主白某所送 1 块百达翡丽牌手表的数额认定问题存在一定争议。该块手表系曲某妻子和白某去迪拜旅游期间，由白某出资购买。据白某回忆，其购买该表共花费折合人民币 20 余万元，但没有购买凭证。纪检监察机关根据白某证言，查找白某的相关银行交易流水，无法确定哪笔为支付该手表的交易记录，故委托价格认定部门对该手表进行价格评估，认定该表收送时的国内市场零售价格为 38 万余元。

解析：受贿案件中，律师就涉案物品的鉴定问题提出辩护意见的情形较为常见。

1. 关于鉴定资质问题。对于涉案物品的真伪鉴定应当在价格认定前进行，发改部门出具的价格认定结论，只能针对价格，不能“两步并一步”。其中，对古玩字画等涉案文物的，可委托文物行政主管部门指定文物鉴定机构进行鉴定，目前国家文物局已经公布了三批共 65 家具备资质的机构。关于“价格认定结论书”的性质，通常认为属于“准鉴定意见”性质。因为价格认定有其特殊性，是特殊主体出具的专门针对价格的意见，和一般鉴定意见的证据要求不同，价格认定结论不需要提供鉴定机构和鉴定人的资质证明，也不需要鉴定人签字。

2. 关于鉴定价格与购买价格的采用问题。实践中，不是所有物品都要进行价格认定，如果涉案物品的购买与犯罪行为发生间隔较短（具体时间没有固定标准，因物品而异），市场波动不大，且有充足证据证明价格的，可直接使用购买价格认定。购买价格是当事人直接支付的金额，比起鉴定价格更具有真实性。

值得注意的是，涉及境外购买物品的价格采用问题。境外购买因为没有税费和运费等费用，比境内价格便宜，鉴定价格通常要高，有的还高不少，此时能否直接采用鉴定结论？笔者认为，要区分情况，对于境外买境内送，可以直接采用，和境内买境内送没有太大区别；而境外买境外送的，直接采用境内鉴定价格不妥，因为对于行受贿双方，主观故意都是境外的便宜价格，这个时候需要结合双方交代，银行交易流水、购买凭证等进行认定；如果没有客观证据支持，且双方交代不一致时，可根据有利于被审查调查人原则，就低认定。

二、行受贿地点、贿款来源等问题

案例4：周某某受贿、挪用公款案①。该案庭审时，周辩护

① 参见（2016）赣刑终33号，中国裁判文书网。

人提出，受贿犯罪的部分事实证据不足，包括：一是关于收受王某某60万元事实中，有50万元行贿款来源存疑，王某某关于来源说法不一，先说来源于公司备用金，后说从公司借的港币，从银行直接兑换成人民币，并且其证实借款时间为2003年6月，与周供述受贿时间为2003年3月相矛盾；关于收受王某某10万元节礼的事实，周的供述和王的证言在数额上不能相互印证，证据未达到确实充分的标准。二是收受沈某某100万元的证据不足。周供述和沈证言均证实，双方先约在某大学大门对面的“老树咖啡”店见面吃饭，然后由沈某某送周回该大学住处，并在楼下送给周100万元。有证据证明，当时当地不存在“老树咖啡”店，二人证言和供述的重要内容与客观事实存在矛盾，且其他证人证言未形成证据链条。二审法院经审理认为，一审认定周收受王某某60万元和收受沈某某100万元的证据不足，采纳辩护意见，不予认定。

解析：行受贿案件的调查取证，应特别注意受贿时间、地点、数额以及贿款来源、去向等关键情节的证据是否充分，能否形成相互印证、完整稳定的证据链条。

1. 行为地点，是行受贿事实的关键要素，务必要查清楚。如上述案件关于收受沈某某100万元的事实中，当事人在“老树咖啡”店见面吃饭是行受贿的重要情节，一旦证否会造成证据链条不完整。

2. 贿款来源的证据，是证明案件事实的关键证据。如果没有贿款来源，或者来源存疑，会造成证据链条不完整。实践中，涉及贿送大额现金，要调取大额现金如何支取的相关记录；涉及贿送外币时，要调取兑换外币的相关记录，而不能为了省事一律表述为从公司备用金或者家中保险柜拿的，或者外币是从某某银行附近“黄牛”处兑换的。

3. 供证不一致的问题。比如，上述案件中的10万元节礼，要尽可能查找有无其他知情人或者客观证据，如果双方供述有重合，只是次数对不上的，可以采用就低的原则；既没有其他证据印证，也不能就低时，只能根据存疑有利于被告人的原则，对该起事实不予认定。

三、涉案人庭审翻证、品格证据和传来证据的可采性问题

案例5：王某明受贿案。王某明，某研究所原党委书记、副所长。该案金额不大，案情也不复杂，但问题却存在不少。比如，贿款来源问题。最大一笔行贿40万元，证人交代是来源于A分公司沈阳工程处，但经调查该单位并不存在，还有的来自公司备用金、人工费支取，几十万元都没有财务记录等予以印证。再如，行贿人庭审时翻证的问题。此前谈话录音录像不完整，与笔录内容存在差异等，导致相关事实没有被认定。该案中还有两件证据材料值得一提，一是王某明被捕后，该所包含八名博士生导师、领导干部和普通职工在内的27人写了一封“鸣冤状”提交法庭，主要说明王某明一贯表现良好；二是辩护律师提交了三份证言，证明行贿人华某和朋友吃饭时多次提到自己没有向王某明行贿，送钱都是瞎编的。这两份证

据，法院都没有采纳。

解析：1. 涉案人在庭审中翻证的情况，是以庭前的证言还是法庭上的证言为准？根据相关规定，证人在法庭上的证言与其庭前证言相互矛盾，如果证人当庭能够对其翻证作出合理解释，并有相关证据印证的，应当采信庭审证言。不能作出合理解释，而其庭前证言有相关证据印证的，可以采信其庭前证言。本案中，庭审翻证的行贿人，其庭前录音录像不完整，又与笔录内容存在差异，最终导致未认定该事实。办案中，要注意同步录音录像的作用，不但要保持录音录像的完整性，而且涉及案件事实的主要内容和关键情节一定是谈话对象自己讲出来的，而不能是办案人员代替讲的，笔录的内容不能与同录出现实质性的差别。

2. 品格证据的可采性问题。品格证据是指证明当事人道德品质、社会声誉、行为表现等方面的证据。本案中的王某明所在单位同事提交“鸣冤状”就属于品格证据。因为该类证据缺乏与案件事实的关联性，所以一般不予采纳。

3. 传来证据的可采性问题。传来证据和原始证据相对应，是指经过摘抄、复制、转述等中间环节的证据。相比原始证据，其真实性和准确性可能会降低，证明力要弱于原始证据。本案中，华某朋友们的证言，证明华某曾经和他们讲过自己没有行贿，属于传来证据，对应原始证据，证明作用有限，所以法院也不予采纳。

四、非法证据排除问题

案例 6：郑某文贪污、受贿、滥用职权案[①]。郑某文，某海关原副关长。郑某文及其辩护人在法庭上否认受贿犯罪事实，提出侦查人员在侦查阶段以抓捕其家属相威胁，进行疲劳审讯，并以取保候审相诱惑，其供述系非法取得，应当排除。一审法院经审理后支持了律师意见，认定侦查人员威胁郑某文不承认受贿就查处其女婿公司，抓捕其女儿、女婿的事实，排除其在侦查阶段的多次有罪供述，最终有关郑某文犯受贿罪的证据不足，指控不成立。后来检察机关抗诉，二审法院还是维持原判。

案例 7：吴某贪污案[②]。吴某，某市人力资源和社会保障局某区办事处原主任。辩护律师提出，吴在 2012 年 12 月 27 日的 1 份询问和 3 份讯问的有罪供述，系侦查机关采用变相肉刑的方式获取，应当作为非法证据排除；在 2013 年 1 月 7 日检察机关审查逮捕前提审的一份有罪供述，因侦查机关未按规定进行同步录音录像，亦应作为非法证据排除。一审法院经初步审查后启动证据合法性调查程序，当庭播放了讯问同步录音录像，通知侦查人员出庭作证，对取证过程进行说明。经查，讯问笔录和同步录音录像反映，侦查机关采用上下级机关“倒手”

---

① 参见最高人民法院刑事审判第一、二、三、四、五庭：《刑事审判参考》第 1140 号指导案例。

② 参见最高人民法院刑事审判第一、二、三、四、五庭：《刑事审判参考》第 1141 号指导案例。

“轮流审讯”的方式连续讯问长达30多个小时，其间没有给吴必要休息，这种疲劳审讯属于变相肉刑，在此情况下所作有罪供述不能排除是在精神和肉体遭受痛苦的情况下，违背自己意愿作出的，应当予以排除，不能作为定案依据。而在审查逮捕人员提审时所作的有罪供述，因为讯问主体不同，提审活动没有诱供逼供、疲劳审讯等情形，故该份证据具有可采性。

解析：非法证据排除规则是指通过非法手段获得的证据因为不符合证据合法性要件、不具备证据能力而被排除。《监察法》第四十三条第二款规定，严禁以暴力、威胁、引诱、欺骗及其他非法方式收集证据。第三十六条第三款规定，以非法方法收集的证据应当依法予以排除，不得作为案件处置的依据。近年来，律师在法庭上提出程序辩护的有增长趋势，通过举证调查程序违法，否定证据合法性、排除证据，进而否定事实。审查调查谈话中，尤其要注意避免使用上述案例中的威胁和“疲劳审讯”等变相刑讯方式，防止获取的证据被排除。

需要注意的是，引诱、欺骗等非法方法和谈话谋略有什么区别？谈话谋略是办案人员在谈话过程中，为了获取被调查人真实的供述而采取的一系列策略和技巧，这些谋略可能包括心理战术、逻辑推理、证据展示等多种方式，其与引诱和欺骗的主要区别在于是否超出允许的范围，如果以非法利益进行引诱或以严重违法、违背社会公德的方式进行欺骗，就可能构成非法取证。

五、间接证据定案问题

案例 8：宋某周受贿案[1]。宋某周，某县粮食局原局长。因犯受贿罪 2013 年被判处有期徒刑十年。宋某周否认受贿并提出上诉。辩护人提出，一审认定宋收受某粮食公司法定代表人高某 10 万元事实不清、证据不足。二审法院经审理查明的证据如下：行贿人高某证实其分两次给了宋共 10 万元，粮食公司会计、出纳、经理等人均证实根据高某的要求将 10 万元交给高某，宋某周否认高某曾给其 10 万元。根据以上证据状况，法院认为，粮食公司会计、出纳、经理等人只能证明钱到了高某手里，宋某周是否收到这 10 万元，只有高某一人证言，无其他证据印证，事实不清、证据不足，无法认定宋某周构成受贿罪，改判无罪。

案例 9：赖某平受贿案[2]。赖某平，某图书馆原馆长，2018 年被判处有期徒刑十一年。该案中，检察机关指控赖某平在担任图书馆馆长期间，利用职务便利在项目中索取邵某等四人财物共计 270 余万元。赖某平对检察机关指控的主要犯罪事实拒不认罪，辩护律师认为证据不足。法院经审理认为，除了行贿人证言外，还有两样定罪证据，一是从赖办公室搜查出来的便笺纸，上面记载了一些数据，有些数据还用红笔圈出。经分析这些数据与行贿人交代的项目总造价、受贿款比例高度吻合，

① 参见（2015）漯刑终字第 00096 号，中国裁判文书网。

② 参见《一个对抗调查者的落败》，载《中国纪检监察报》2019 年 6 月 6 日，第 4 版。

红笔圈出的数据是赖某平实际收到的好处费，经鉴定该字条系赖某平亲笔书写。二是行贿人邵某提供的录音资料，记载了赖某平向邵某索取好处费的情况，老馆项目收取20%的回扣，新馆项目收取25%的回扣。据邵某交代，其偷着录音是因为赖某平要钱的比例很高，怕公司方面不相信赖某平有这么大的胃口，自己回去不好交代。

解析：以上两个案件的最大特点就是都没有被告人口供。对于零口供的案件，认定时应注意以下两点：一是单证无法定案，如案例8，核心事实仅有行贿人高某一人证言，在没有其他证据印证情况下，无法排除合理怀疑。二是注意查找有无其他证据，通过若干间接证据形成较为完整的证据锁链，且得出的结论具有唯一性，能够排除合理怀疑，如案例9中从赖办公室搜查出来的便笺纸就是很好的客观性证据，录音资料也可以直接证明案件事实。此外，还可以通过查找除行受贿双方以外的其他知情人，调取行贿款来源的书证等进行多方印证。

第七章
新型腐败和隐性腐败的查办重点和取证要点

党的二十大报告指出，“坚持受贿行贿一起查，惩治新型腐败和隐性腐败”。二十届中央纪委四次全会提出，要“着力破解新型腐败和隐性腐败发现、取证、定性难题”。新型腐败主要是指腐败行为在形式上和手段上的创新发展，隐性腐败则是指腐败行为往往隐藏在正常的市场经济活动中，不易被察觉或认定。

第一节　新型腐败和隐性腐败的主要特点及问题

新型腐败和隐性腐败具有很强的隐蔽性、迷惑性、复杂性，改变了传统腐败的表现形式，是腐败问题的翻新变异升级。新型腐败和隐性腐败的特点决定了查办案件发现难、取证难、定性难。

一、主要特点

（一）腐败主体隐身化

由传统的行受贿单线联系，发展为由亲属或信任的朋友出面的间接联系，俗称“代理人”“白手套”，台前有木偶、幕后有主使。比如，某市原市长将收受的贿赂大多数放在某公司法定代表人处代为保管打理，在体外循环用于投资经营。腐败行为主体甚至发展为多层次、多链条的网络结构。再如，某银行原行长为逃避监管，设计了复杂的三层“影子公司”，第一层是两家平台公司，第二层是在平台公司下又设立十多家项目公司，项目公司和行贿企业不直接交易，而是双方各自再成立空壳公司作为第三层，层层嵌套、魅影重重。

（二）行权方式隐蔽化

由直接的批条子、作指示等违法违规权力干预，发展为利用更具隐蔽性、技巧性、“合法性”的方式为相关企业谋取利益。比如，有的通过调研、视察等“站台”形式，打着服务保障民营经济发展的旗号，“冠冕堂皇”为相关企业提供政策、资金、技术等方面支持，而背后却有着不可告人的个人目的；有的在为请托人谋利时不主动出面，而是让他人假意自下而上正常走程序，履行逐级审批手续，甚至开会集体研究决定，将个人意志转化为集体意志，规避个人责任；有的领导干部作为单位副职，自知权力“含金量”有限，便想尽办法弄到“一把手”批示作为“尚方宝剑”，对正常经济活动进行干预，即便出问题也可不承担主要责任；等等。

（三）利益输送民事化市场化

由简单的权钱交易“一手办事，一手收钱”，发展为通过市场交易等表面合法形式，掩盖权钱交易的本质。早在 2007 年，最高人民法院、最高人民检察院《关于办理受贿刑事案件适用法律若干问题的意见》中就曾列举“低买高卖等交易型、干股型、委托理财型、赌博型、挂名领薪型”等多种新型受贿形式。

在近年的实践中，还发现以下几种形式：一是合同型腐败，有的让行贿人与指定人员签订虚假的买卖合同，但不交付实物，以货款名义由指定人员收受好处；有的签订虚假别墅买卖合同然后故意违约，以支付双倍违约金方式输送利益。二是商业机会型腐败，有的通过增设不必要的中间销售环节谋取经济利益；有的收受行贿人提供的工程项目后直接转卖变现。三是借贷型腐败，有的向行贿人放贷收取高额利息；有的从行贿人处借款用于投资获取收益后将本金返还行贿人，搞“借鸡生蛋”的把戏。四是股权交易型腐败，除了直接收受干股外，有的向行贿人“借款”购买股份；有的低价购买股份或者高价售出股份；有的在行贿人公司上市之前，出资购买原始股。五是内幕信息型腐败，通过内幕信息获取巨额利益。

（四）权钱关联模糊化

由赤裸裸的权钱交易，发展为隐性因果关系。主要包括两种类型：一种是规避时间上的因果关系，拉长谋取利益和收受财物的间隔，通常采取“期权”方式，约定办事或在位的时候不收钱，等退休了安全了再收，企图以“延迟满足”“先吃苦后享乐”的方式瞒天过海。如某领导干部40多岁担任市长期间，为某私营企业主谋取巨额利益，当该老板准备送其上千万元时，为安全起见，他告诉该老板等退休后再收，时间间隔近20年。

另一种是规避空间上的因果关系，有的搞权权交易，不同行政区划的领导干部互为对方的特定关系人提供权力保护和利益输送。如某市市委书记与相邻市市长是好朋友，二人儿子相互勾连，各自利用父亲权力影响互为对方牟利。有的办事以后不在当地兑现利益，而是选择异地甚至境外交易，既难以被发现，又弱化了权钱交易的对应性。如某区委原书记安排其已经移民加拿大的妹妹代为接受、保管巨额贿赂，仅其中两笔就超过2000万元。为了逃避组织调查，其甚至强令妹妹不能回国，十几年滞留国外。

（五）腐败工具金融化

由传统的利用现金、房产、车辆等实物，发展为公司股份、金融产品甚至加密货币等无形利益。比特币、以太坊等加密货币的交易具有匿名性、跨国境兑换便利性和不易被查收等特点，在毒品犯罪中被广泛使用，同时也可能成为贿赂工具。

目前，世界各国对加密货币态度不尽一致，我国是不承认加密货币交易合法性的。2021年9月中国人民银行等部门联合发文禁止了境内所有加密货币交易。2024年11月，中央纪委国家监委网站报道了一起涉及加密货币的腐败案件，中国证监会科技监管司原司长、信息中心原主任姚某，滥用政策建议权、制定权、执行权等监管权力，在信息技术系统服务机构拓展业务、软硬件采购等方面为他人谋取不当利益，利用虚拟货币等进行权钱交易，非法收受财物，数额特别巨大。

（六）隐匿方式多样化

由家中保险柜、储藏室等易发现地点，发展为家中暗格、院子地下等隐蔽地点，甚至利用陌生人的身份证租借房屋存放赃款赃物。比如，某市公安局原副局长，将大量现金用油纸包好沉入一口鱼塘中；某市委原副书记将收受的消费卡等分门别类包装好藏到其住所门口的小竹园地下，将收受的金条饰品等，藏在鸡鸭鱼的肚子里，再放入冰柜冷冻起来；更有甚者，一厅级干部将收受的金条藏在公墓附近的小树林里，真是绞尽脑汁，终究还是机关算尽一场空。对于贪腐案件的查办而言，能够第一时间找到赃款赃物是极为重要的。俗话讲“捉贼捉赃”，找到钱了案子就成功一大半了，这也是为何人带走以后要立即着手开展搜查的原因。现在腐败分子“藏”的水平越来越高，促使我们必须不断提高“找”的水平。

以上讲的是隐匿的低端方式“藏”，比这更“高级”的就是“洗”，有的将收来的巨款换成古玩字画，有的将赃款存放在做生意的亲属名下，有的通过离岸公司、地下钱庄等方式将钱转移到境外。

二、审查调查工作面临的新问题

当前新型腐败和隐性腐败的特点，决定了在办理案件中存在发现难、取证难和定性难等问题。

（一）发现难

及时发现腐败问题是查办案件的基础，导致发现难的原因主要有以下几个方面：

一是贪腐案件的特点多数无被害人，这决定了行为发生后很难短时间暴露。从举报线索的来源看，一般群众性举报，往往属于“道听途说”，不了解事实的真实情况，可信度较低。较为有价值的线索往往来自参与人、知情人的检举揭发，占比不大，但真实度较高。就新型腐败和隐性腐败而言，为安全起见，通常会严格控制知情人范围，核心参与人员或是家人，或是值得信任的朋友，外人难以知晓。

二是新型腐败和隐性腐败的“新”和“隐”，尤其是“隐”的特点，导致发现难。隐身腐败主体身份，隐蔽权力干预方式，隐藏利益输送的实质，隐形贿赂的工具，隐匿违纪违法所得，通过给“人”“钱”“物”“事”披上“隐身衣”，让人不易发现腐败行为。比如，某案件中，行为人的多笔受贿事实都是直接交由行贿人代持，约定在需要大额用钱时再兑现利益，该部分钱款表面上看不出来与行为人有任何关联性。

三是挖掘问题线索的手段落后于形势发展，比如初核阶段有的地方大数据信息化应用不足，核实问题还主要依赖于线下查询、调证，既影响工作效率，也会带来泄密、安全等风险。

（二）取证难

实践中，取证难主要表现为口供突破难、言词证据鉴真难、实物证据发现难、电子数据证据提取难。

一是口供突破难。新型腐败和隐性腐败的出现，意味着腐败主体反调查的意识提高，手段、方式、工具的升级，大大增强对象的拒供心理，带来口供突破难的问题。比如，某对象大量受贿钱款都是由行贿人代持，到案后侥幸心理严重，长达数月拒不交代有关问题。

二是言词证据鉴真难。腐败案件的特点之一就是高度依赖言词证据。一方面，口供等言词证据可以直接证明案件事实，证明力强；另一方面，言词证据由于受谈话对象记忆力、精神状态、配合程度等影响较大，具有易变性，容易失真。比如某案件中，主要对象交代了收受行贿人所送干股，并且将代持协议交由妻子保管，而妻子长时间否认，后来勉强承认，但说不清楚协议去向，最后查明书面协议并不存在。

三是实物证据发现难。一方面，腐败主体间为了减少"留痕"，往往以口头"君子协定"代替书面协议。比如某对象收受房产后实际居住使用却不办理过户手续，即使被查到还可以辩解为借用。另一方面，腐败主体绞尽脑汁藏匿赃款赃物，给追赃工作带来了新的挑战。

四是电子数据证据提取难。新型腐败和隐性腐败有时会涉及电子数据的提取问题，比如微信聊天记录、网络电子邮件等能够印证违纪违法事实的数据，或者涉及收送比特币、泰达币等虚拟货币需要提取数字钱包密钥等。这些电子数据证据作为法定证据种类，区别于传统的笔录证据、书证、物证，具有无形性、多样性、易破坏性等特点，需要专业人员按照法定程序和要求进行勘验检查、提取固定。

（三）定性难

新型腐败和隐性腐败带来的定性难，主要原因有两方面：

一是新的腐败形式，引发认识上的分歧。新型腐败，利益输送的市场化，形式上的隐形变异，带来了认定上如何区分正常民事、商业行为，一般违纪行为还是违法犯罪行为。比如行为人在请托人公司上市前突击购买原始股的问题，实际出资购买，是否可以认定受贿犯罪？案发前尚未出售股份，受贿金额如何计算？他人代持的情况下，认定犯罪既遂还是未遂？再比如，国家工作人员索取、收受请托人提供的工程项目，什么情况下可以认定受贿，什么情况下认定违纪行为？等等。

二是取证不到位，引发难以准确定性问题。证据是认定事实的基础；证据不足，事实根基不牢。实践中，不少定性上的问题，不是事实本身有多疑难复杂，而是由于关键证据未调取或者取证不到位引起的，比如领导干部高息放贷的问题，属于违纪问题还是违法犯罪问题，需要查清楚借贷双方之间的关系，借款人有无借款需求、向其他人借款利息的情况等，缺少关键证据就会带来定性难的问题。

第二节　市场交易型、实际控制型、挂名/高额领薪型受贿的性质认定及取证要点

市场交易型、实际控制型、挂名/高额领薪型受贿都是查办新型腐败和隐性腐败案件中较为常见的类型。

一、市场交易型受贿

【核心要点】基准价、交易时间节点如何确定？如何判定是否“明显”？

（一）表现形式

根据相关规定，市场交易型受贿是指国家工作人员利用职务便利为请托人谋取利益以及利用职权或者地位形成的便利条件通过其他国家工作人员为请托人谋取不正当利益，以明显低于市场的价格向请托人购买物品，或者以明显高于市场的价格向请托人出售物品，或者以其他交易形式非法收受请托人财物的行为。

市场交易型受贿形式多种多样，主要有以下几种类型：(1) 低价购买型。比如，某房地产开发商请托规划部门干部谋取利益后，该干部从该房地产开发商手中以市场价五折的价格购买商品房一套。(2) 高价卖出型。比如，某干部为私营企业

主谋取利益后，向该企业主提出想要出售其名下价值 100 万元的房产。企业主为感谢该干部，以 150 万元的价格购买该房产。（3）以旧换新、以差换好、以小换大等其他交易型。比如，某干部为私营企业主谋取利益后，提出打算换新车，该企业主主动提出将新购的价值 80 万元的豪车与干部名下价值 20 万元的旧车进行交换，车辆差价 60 万元。

（二）存在的主要争议及认定思路

市场交易型受贿主要争议有三点：一是如何确定计算差额的基准价，对于房产等大宗商品，存在成本价、销售备案价、实际销售价、评估价等多种价格，实践中既有以成本价计算受贿数额的，也有以市场价值计算的，还有以开发商报价计算的；二是如何确定“交易时”的时间节点，一般市场交易存在支付定金、签订合同、分期支付合同价款、交付财物、登记等多个时间节点，当市场波动较大时，不同的时间节点对受贿数额认定有重要影响；三是如何判定“明显”低于或者高于市场交易价格，2007 年最高人民法院、最高人民检察院《关于办理受贿刑事案件适用法律若干问题的意见》并未对何为“明显”作出界定，对此存在“数额说”“比例说”“数额、比例结合说”等多种观点。

笔者认为：一是关于确认计算差额的基准价问题，对于新房、新车等物品，应当以销售方事先设定的不针对特定人的最低优惠价格作为市场价格，如果最低优惠价难以判断的，通常需要通过价格评估确定市场价；对于二手房、二手车等物品，首先应当参考请托人买入房屋、车辆的价格，如果请托人买入时的市场行情与请托人和国家工作人员发生转让时的市场行情变化较大的，则应按照转让行为发生时的市场价格为准。二是关于如何确定“交易时”问题，应根据不同的交易财物以及市场交易规则进行判断，对于动产交易一般以交付时间来确定“交易时”；对于不动产一般以合同成立或者实际控制时间来确定“交易时”；交易时间节点难以查明的，一般从最有利于被审查调查人的角度确定“交易时”节点。三是关于如何判断“明显”低于或者高于市场交易价格的问题，通常需要综合考虑数额大小及差价所占比例两方面因素，结合案件具体情况进行认定。

（三）审查调查取证重点

在办理市场交易型受贿案件时，应注意以下几点。

1. 查明行受贿双方之间的请托谋利事项、监督管理服务关系或者制约关系。重点核实请托谋利事项与交易差价是否价值相当、时间匹配。

2. 查明行受贿双方之间的合意，这是认定受贿的主观条件。核实双方有无借市场交易之名行行受贿之实的非法目的，比如，双方曾商议在正常政策优惠之外享受额外折扣；当财物价值出现明显升值或者贬值后，双方商议仍然按照原价值进行交易；在不具备相应购买资格的情况下，约定按照特定对象、资质才能享受的较低价格购买财物；等等。

3. 查明实际支付价格和正常市场价格，有无违背市场经济规律、背离等价交换基本原则。包括：(1) 收集相关交易所涉购买合同、银行流水、财务凭证等证据，查明相关合同、标的物交付、付款等事实经过与实际支付价格；(2) 对于涉及新房、新车等物品交易的，需要注意收集有关交易的企业内部审批文件、销售政策，事先设定的各种优惠交易条件，企业向政府部门备案的材料，查明国家工作人员是否具备相应的购买资格、享受的优惠折扣以及经营者不针对特定人的最低优惠价格；(3) 对于涉及二手房、二手车等物品的，需要注意查明请托人是否具有真实的交易需求，买入价以及买入后所涉房屋、车辆的市场行情变化等情况。需要确定市场价的，应委托当地价格认定部门进行价格认定。

需要注意的是，对于交易完成后并在案发前已将所涉物品转卖的，除追缴差价款以外，还要一并追缴受贿所得对应的孳息，具体按照“(差价款/交易总价款) ×所获增值收益”进行计算。

二、实际控制型受贿

【核心要点】民事、刑事案件在认定事实标准上有什么区别?

(一) 表现形式

实际控制型受贿，是指国家工作人员利用职务便利为请托人谋取利益以及利用职权或者地位形成的便利条件通过其他国家工作人员为请托人谋取不正当利益，收受他人房屋等固定资产，但不办理权属变更手续的行为。

实践中，实际控制型受贿主要有以下两种表现形式：（1）长期占用不还型。比如，国家工作人员赵某某以女儿上学为名，长期占用企业主孙某住房一套，未办理过户手续，没有任何归还的意思及行为，直至案发一直在该房屋居住。（2）长期占用退还型。比如，国家工作人员收受请托人房屋后，长期占用该房屋，后因巡视组进驻、相关知情人接受谈话等情况，害怕被审查调查而将房屋退还。

（二）存在的主要争议及认定思路

实际控制型受贿的主要争议有三点：一是能否成立受贿。有的认为房产权属取得以登记为要件，没有进行变更登记意味着尚未收受财物，故无法认定成立受贿；有的认为是否变更登记只是形式，不影响受贿的成立。二是受贿的对象是房产还是房租。对于案发前将房产退还的，有的认为国家工作人员已将房产退还会导致认定收受房屋存在障碍，宜将占用房产期间的房租作为受贿对象；有的认为根据主客观相一致原则，即使退还了房产，也不影响认定收受房产，退还只是量刑情节。三是犯罪形态问题。有的认为因为没有变更登记意味着属于未遂，有的认为即使没有登记，只要有证据证明国家工作人员已经对房产达到实际控制的程度，仍可以认定既遂。

笔者认为：一是关于能否成立受贿的问题。根据 2007 年最高人民法院、最高人民检察院《关于办理受贿刑事案件适用法律若干问题的意见》相关规定，对收受房产不以办理权属变更手续为成立要件。所以，在处理此种问题时，需要注意民事与刑事法律关系在涉及物权转移时的区别。民法重视形式要件，要求以办理权属变更手续为准，而刑法更重视实质要件，即是否实际控制该不动产，只要符合权钱交易的本质，就能够认定受贿。二是关于受贿对象的问题。要综合考虑行受贿双方的主观认识、谋利事项的匹配性来认定收受的是房产还是使用该房产所应支付的租金，实践中通过调查取证常认定的是收受房产。三是关于犯罪形态的问题。应当坚持实质判断，如果国家工作人员长期占用控制房产，即便未办理权属变更登记，也应当认定为受贿行为已经完成，即受贿既遂。

（三）审查调查取证重点

在办理实际控制型受贿案件时，应注意以下几点。

1. 查明行受贿双方之间的请托谋利事项、监督管理服务关系或者制约关系，这是认定受贿的前提条件。

2. 查明行受贿双方之间的合意，这是认定受贿的主观条件。重点核实收受房屋的起因、双方合意达成的具体过程及没有办理变更登记的原因。

3. 查明国家工作人员如何实际控制房屋，这是认定受贿成立及犯罪形态的关键要素。具体包括：（1）实际占有、使用情况，如是否保管钥匙、门禁卡，房屋的水、电、气、热、电话、网络及物业费由谁交付。此外，网上购物所留地址、姓名等也能起到证明作用。（2）国家工作人员是否对房屋进行物理或法律上的处置，如装修方案是否由国家工作人员提出、装修资金的来源及装修的实施，是否对房屋进行了出租、转让等。

4. 查明房屋的价值。通常以实际控制房屋的时间节点作为基准日进行价格认定，以确定房屋的价值。如果不能精准确定实际控制时间的，需选取最有利于被审查调查人的时间节点进行价格认定。

三、挂名/高额领薪型受贿

【核心要点】如何区分挂名/高额领薪与正常劳务薪酬？数额如何计算？

（一）表现形式

挂名/高额领薪型受贿，是指国家工作人员利用职务便利为请托人谋取利益以及利用职权或者地位形成的便利条件通过其他国家工作人员为请托人谋取不正当利益，要求或者接受请托人以给特定关系人安排工作，使特定关系人不实际工作而获取薪酬，或者虽有实际工作但获取明显超过正常薪酬的行为。作为新型受贿的一种，具有很强的隐蔽性和迷惑性。

实践中，挂名/高额领薪型受贿主要有两种表现形式：（1）挂名领薪，即特定关系人挂名“吃空饷”，未实际工作，甚至连工作单位都没有去过。比如，某省公安厅原副厅长赵某为私营企业主黄某某提供帮助，黄某某安排其公司为赵某之子赵某某发放薪酬，赵某某从未到该公司工作，也没有按照约定完成工作。经查，赵某通过其子赵某某采取挂名领薪方式收受130万元。（2）高额领薪，即特定关系人虽然有实际工作，但领取的薪酬明显高于该职务、岗位正常薪酬水平。比如，某省自然资源局原局长刘某某为私营企业主孙某某提供帮助，刘某某胞弟刘某在孙某某公司从事管理工作，领取的薪酬标准远高于岗位正常标准。经查，刘某某通过其弟刘某采取高额领薪方式收受 300 万元。

（二）存在的主要争议及认定思路

对于不实际工作而获得薪酬的，根据 2007 年最高人民法院、最高人民检察院《关于办理受贿刑事案件适用法律若干问题的意见》规定，以受贿论处，认定中不存在分歧。而对于实际工作而获取高薪的，司法解释未明确规定，需要具体问题具体分析。实践中，由于一些私营企业薪酬制度不规范、岗位薪酬不透明等因素，对此如何计算数额存在一定争议。

笔者认为：对于高额领薪型行为，尽管掺杂了实际工作的因素，但获取薪酬明显超过同类标准，符合权钱交易的本质特征，应认定为受贿犯罪。对于高薪部分的数额计算问题，可以参照“市场交易型受贿”的思路予以认定，即受贿数额为特定关系人实际领取的薪酬与正常薪酬的差额。

（三）审查调查取证重点

在办理挂名/高额领薪型受贿案件时，应注意以下几点。

1. 查明行受贿双方之间的请托谋利事项、监督管理服务关系或者制约关系。需要重点核实给予特定关系人挂名/高额领薪的事由及与国家工作人员职务行为的因果关系。

2. 查明特定关系人是否实际工作以及具体工作情况。包括：收集劳动合同、工作职责、考勤情况等证据，查明有无实际在岗工作，实际劳动量大小，是否因人设岗，是否受所在单位纪律约束。

3. 查明正常薪酬标准。具体包括：（1）如果企业内部有明确标准的，需要查明企业内部关于薪酬发放的制度或惯例，同部门同岗位计薪规定或标准，给予的薪酬是否符合所在企业内部标准；（2）如果特定关系人系担任公司法定代表人、总经理的，需要查明同行业类似岗位计酬规定或标准，给予的薪酬是否符合行业标准。

4. 查明特定关系人实际领取薪酬的情况，包括调取工资单、社保缴费资料等书证，查明薪酬实际支付方式、去向，数额有无明显高于企业、行业同岗位的薪酬标准等。需要注意的是，对于挂名领薪的，除工资、奖金外，如果企业为特定关系人缴纳“五险一金”的，需将公司缴纳和个人缴纳的住房公积金、养老保险、失业保险、医疗保险、生育保险等一并计入受贿数额。

第三节　赌博型、商业机会型、约定型受贿的性质认定及取证要点

赌博型、商业机会型、约定型受贿是新型腐败和隐性腐败中隐蔽性较强的类型。查办案件中，重点从受贿犯罪权钱交易的本质出发去分析、辨别和认定。

一、赌博型受贿

【核心要点】赌博型受贿有哪些类型？主观故意如何判断？

（一）表现形式

赌博型受贿，是指国家工作人员利用职务便利为请托人谋取利益以及利用职权或者地位形成的便利条件通过其他国家工作人员为请托人谋取不正当利益，并通过赌博方式收受请托人财物的行为。赌博型受贿作为新型受贿方式之一，具有手段隐蔽、人员相对固定等特点。

赌博型受贿的形式多样，主要有以下几种：（1）提供赌资型，即请托人为国家工作人员提供赌资。比如，某区人防办原主任朱某某沉迷打牌，其下属每次都给朱某某提供“打底”现金，朱某某以此方式收受现金60余万元。（2）代偿或免除赌债型，即国家工作人员输钱后，请托人代为偿还或免除该赌债。比如，某县国土资源局原局长王某经常与私营企业主打牌，王某曾一场牌局欠下20余万元赌债，房地产商吴某当即表示由其替王某偿还该笔赌债。（3）稳赢不输型，即请托人主动“输钱”给国家工作人员。比如，某领导干部在与商人朋友打麻将时，随便摸一张牌就高声喊“和了”，商人既不看牌面，也不计较到底和牌没有，便“输”钱给他。

（二）存在的主要争议及认定思路

对于请托人为国家工作人员提供赌资或者代为偿还、免除赌债的，与直接收受财物没有区别，认定中通常不存在分歧。

而对于稳赢不输型，由于赌博方式很多，参与赌博人员心态不一，输赢状况也不尽相同，加之相关人员常辩解系正常的赌博娱乐活动，实践中取证困难，往往不易认定。

笔者认为：对于稳赢不输型行为，虽然披上赌博活动的外衣，但双方存在掩盖行受贿的非法目的，违背了赌博活动规律，将赢取钱财的偶然性变为必然性，仍然符合权钱交易的本质特征，应认定为受贿犯罪。同时，需要注意对赌博型受贿与娱乐活动、赌博活动作出区分。

（三）审查调查取证重点

在办理赌博型受贿案件时，应注意以下几点。

1. 查明行受贿双方之间的请托谋利事项、监督管理服务关系或者制约关系，这是认定受贿的前提条件。

2. 查明主观故意，这是认定赌博型受贿的首要因素。包括：（1）查明行受贿双方的合意，核实国家工作人员和请托人是否通过明示或暗示等方式达成通过赌博形式收受贿赂的共识，双方是否明知国家工作人员“赢取”钱财系请托人故意“输钱”导致；（2）查明请托人与赌局其他参与人有无合意，赌局前请托人与其他参与者有无事前通谋、精心策划故意“输钱”。

3. 查明赌博的背景、场合、时间、次数、输赢金额以及国家工作人员“赢取”钱财的具体过程，包括：赌局是否精心安排、经常频繁，是否存在只赢不输、多赢少输等情况。

二、商业机会型受贿

【核心要点】商业机会是否可以作为受贿犯罪对象？数额如何认定？

（一）表现形式

商业机会型受贿，是指国家工作人员利用职务便利为请托人谋取利益，或者利用职权或者地位形成的便利条件通过其他国家工作人员为请托人谋取不正当利益，索取、收受请托人提供的工程项目获利的行为。

实践中，国家工作人员索取、收受请托人提供的工程项目后，主要有两种方式获利：（1）直接将该工程项目转卖给第三人，由第三人给予一定利益。比如，某县公安局副局长王某为私营企业主李某在经营娱乐场所方面提供帮助，为表示感谢，李某将准备投资数百万元的酒店扩建项目交给王某，后王某直接以50万元的价格转卖给当地一建筑企业。（2）自己经营赚取项目利润。比如，某市国土局长毛某为私营企业主孙某在项目审批方面提供帮助，孙某将部分项目的开发建设交给毛某，毛某安排儿子找施工队施工，垫资并严格控制支出，因管理得当扣除成本后获利100余万元。

（二）存在的主要争议及认定思路

商业机会型受贿的主要争议有两点：一是商业机会是否属于贿赂犯罪中的财产性利益，这涉及能否将其评价为犯罪行为，还是仅能作为违纪处理的问题。有的认为，商业机会是一种期待性利益，本身具有不确定性，不属于刑法中的财产性利益；有的认为，商业机会在特定情况下可以作为财产性利益。二是国家工作人员索取、收受请托人提供的工程项目后自己经营赚取项目利润，能否认定为受贿行为？

笔者认为：一是关于商业机会能否成为受贿犯罪对象的问题，关键看商业机会是否符合财产性利益的典型特征，即是否可以用货币折算或者体现。对于国家工作人员索取、收受请托人提供的工程项目后，直接转卖给第三人，收取利润的情形，由于无须投入人力、资金等成本，亦不存在经营亏损的风险，可以直接认定为受贿行为。受贿金额为出售工程项目实际获得的好处。这一点，实践中基本达成共识。二是关于获取工程项目后自己经营获利的问题，由于掺杂了经营因素，直接认定受贿存在问题，可以通过以下两个方面进行判断：（1）是否有新的投入，是否承担市场风险。（2）获取的利润能否以货币形式折算或者体现。通常情况下，行为人获取工程项目后，进行正常的市场运作，有投入有管理且承担市场风险，即便最终获利，也难以评价为受贿行为，因为无法区分商业机会本身的价值还是实际经营所得。但是，对于行为人没有新的投入，不承担市场风险，且工程利润可以计算的情况下，可以认定为受贿。[①]

① 参见最高人民法院刑事审判第二庭：《职务犯罪审判指导》（第2辑），法律出版社2023年版，第80—83页。

（三）审查调查取证重点

在办理商业机会型受贿案件时，需要注意以下几点。

1. 查明国家工作人员与请托人之间的请托谋利事项、监督管理服务关系或者制约关系，这是认定受贿的前提条件。

2. 查明主观故意，请托人为何将工程项目送给国家工作人员，双方对于工程项目好坏、盈利多少等知情情况。

3. 查明国家工作人员收受工程项目后如何处置，是直接转卖第三人，还是自行承揽。对于转卖第三人的，要查清楚双方交易的方式、金额、去向等；对于自行承揽的，要查清楚是否有新的投入，是否承担市场风险，获利情况以及获利与经营者关系等。

三、约定型受贿

【核心要点】约定收受财物能否成立受贿，数额、犯罪形态如何认定？

（一）表现形式

约定型受贿，是指国家工作人员利用职务便利为请托人谋取利益以及利用职权或者地位形成的便利条件通过其他国家工作人员为请托人谋取不正当利益，双方约定收送财物，尚未实际收受或没有全部收受的行为。约定受贿不是一种独立的受贿类型。

约定型受贿主要有以下几种表现形式：（1）附条件的约定，条件因客观原因未实现，无法兑现约定内容。比如，某市政府原秘书长张某某为私营企业主王某提供帮助，双方约定王某待土地开发项目完成后给予张某某500万元，但因土地开发没能正式启动且王某企业经营困难，案发时张某某尚未收受钱款。（2）附条件的约定，案发前部分条件已实现，实际收受部分财物，其余因案发未能兑现。比如，某市检察院原检察长李某为私营企业主周某承接工程提供帮助，双方约定按照工程合同价的10%分期给予李某好处费50万元，截至案发李某已收受15万元，剩余35万元尚未收受。（3）约定代持，行受贿双方达成合意后，贿赂实现条件已经具备，受贿人要求行贿人代为持有。比如，某市原市长孙某为私营企业主徐某在企业并购方面提供帮助，事后徐某提出送孙某1000万元，孙某同意并让徐某代持，进行投资理财，需要用钱时再找徐某兑现。与前两者不同，约定代持不存在贿赂实现条件的问题，只是实现方式由受贿人直接占有变为行贿人代为持有。（4）约定的改变，行受贿双方实施部分行为后因合意发生变化不再收受财物。比如，某市建设局原局长陈某准备为房地产开发商杨某在3个项目上提供帮助并约定收受好处费600万元，其后陈某收受200万元。杨某因仅参与1个项目开发、不愿再给予剩余好处费，陈某考虑自己为杨某提供的帮助有限，也未要求给予剩余钱款。

（二）存在的主要争议及认定思路

约定型受贿的主要争议有三点：一是受贿行为“着手”的标准是什么？仅有约定能否认定为“着手”？对此，理论界和实务界争议较大。支持者认为，行受贿双方达成合意，且约定的内容明确具体，对职务行为的廉洁性或者不可收买性已经造成被侵害的现实危险，可以认定“着手”；否定论者认为，行受贿双方达成合意的行为，本质上是一种犯罪约定，这种约定属于犯意流露或者受贿预备，不具有“着手”的性质，因此不需要进行刑事处罚。二是约定后仅收受部分财物的，如何认定数额？是按照约定的总额认定，未收受的认定未遂，还是仅认定实际收受的数额。三是约定行贿人代持情形下犯罪状态的认定，是既遂还是未遂？

笔者认为：一是关于如何判断“着手”问题，一般认为，当行为产生了侵害法益的具体危险时就是“着手”，“着手”是犯罪实行行为的起点，也是对行为进行刑事处罚的界限。在惩治新型腐败和隐性腐败大的背景下，应当综合考虑行为的社会危害性和案件事实具体因素等来界定“着手”，不能过于机械以“开始实施构成要件行为”，即“直接交付”作为形式标准[①]。对于附条件的约定，条件无法实现的，不具备兑现利益的可能性，不宜认定为受贿着手。而对于附条件的约定，条件和收受财物已经部分实现的，则可以认定为已经着手。对于约定由行贿人代持的情形，比较复杂，判断时应当结合约定内容的明确性、稳定性，以及行贿人是否为实现约定实施准备活动等因素来综合判断是否对法益造成紧迫的危险。如果行受贿双

① 参见高静、金华捷：《约定收受贿赂行为的刑法定性》，载《人民法院报》2025 年 6 月 19 日，第 6 版。

方首次约定后多次强化犯意，且行贿人已经开始筹集钱款准备兑现的，可以认定为已经“着手”。而对于约定后没有任何其他实质行为的，不好判定双方合意的真实性和可实现性，难以认定“着手”。二是关于数额认定问题，对于仅收受部分财物的，应当综合考虑谋利事项大小、与财物的对价关系、双方合意有无发生变更等因素进行判断，通常可以将约定的数额整体认定为犯罪数额，对国家工作人员已经实际控制的认定为既遂、尚未实际控制的认定为未遂。但是，对于收受部分财物后，双方通过明示或者默示的方式就不再收受剩余财物达成合意的，仅能认定收受的财物。三是行贿人代持情形下如何判断是否既遂，通常以国家工作人员是否实际控制财物作为标准，行为人实际控制财物的成立受贿既遂，否则成立未遂。实践中，行贿人代持的案件由于未实际交付财物往往被认定为未遂，除非能够证明行为人对该部分财物的控制力大于行贿人，比如行受贿双方已经形成长期利益共同体关系，且行贿人后面还要有求于受贿人，或者行贿人已经根据受贿人意思对代持财物进行投资理财、交付给第三人等实质性支配、处置。

（三）审查调查取证重点

在办理约定型受贿案件时，需要注意以下几点。

1. 查明行受贿双方之间的请托谋利事项、监督管理服务关系或者制约关系。重点核实请托谋利事项，与约定收受财物的价值、时间等是否匹配。

2. 查明行受贿双方的约定情况，比如：约定收受的时间、地点、内容、方式、条件、次数等；双方在交往过程中有无对约定内容进行确认、强化等。

3. 查明“着手”实施犯罪行为的事实，比如：国家工作人员与请托人签订有关协议；请托人筹集钱款、单独存放；国家工作人员自身或安排特定关系人开始收受请托人所送财物，包括时间、地点、金额、方式等。

4. 查明所约定财物未收受完成的原因，具体包括：（1）约定的条件未能实现；（2）国家工作人员自身或与其违纪违法行为相关联的人、事被查处；（3）请托人是否具备继续履行约定的能力；（4）双方是否明示或默示约定内容发生变更等。

第四节　借贷型、股权型受贿的性质认定及取证要点

借贷型、股权型受贿是当前新型腐败和隐性腐败比较典型的方式。其中，借贷型受贿又可以分为“借鸡生蛋”型和放贷收息型，股权型受贿又可以分为收受干股型和股权交易型。实践中，要注意准确把握不同类型的特点，做到精准取证认定。

一、借贷型受贿之一“借鸡生蛋”

【核心要点】如何准确认定“蛋”的性质？

（一）表现形式

“借鸡生蛋”型受贿，主要指国家工作人员利用职务便利

为请托人谋取利益以及利用职权或者地位形成的便利条件通过其他国家工作人员为请托人谋取不正当利益，并从请托人处借用钱款（“鸡”）用于投资，获利后归还本金获取收益（“蛋”）的行为。

“借鸡生蛋”以借“鸡”为名，实则为了取“蛋”，其形式多种多样，归结起来主要有两种：（1）收益确定类。国家工作人员向请托人借款时就已明确能通过该借款从请托人处获取经济利益。比如，国家工作人员赵某为商人王某谋取利益，王某向赵某提供借款100万元用于购买王某公司的股份，并向赵某承诺该股份年均分红50万元，后赵某使用分红款归还了借款。又如，王某向赵某提供借款100万元用于购买王某公司原始股并告知其公司即将上市，上市后肯定能大赚一笔，半年后赵某确因王某公司上市获得收益100万元，后将本金归还给王某。（2）收益不定类。国家工作人员向请托人借款时其能否获取收益、获取多大收益尚未确定。比如，赵某向王某借款200万元用于正常炒股，双方约定赚了钱归赵某，后赵某炒股赚了100万元，赵某将200万元本金归还给王某。

（二）存在的主要争议及认定思路

“借鸡生蛋”型受贿作为借贷型受贿的一种，其本质仍是以借为名掩盖权钱交易的事实，但是实践中并非所有的“借鸡生蛋”行为都能认定为受贿，如何进行区分是办案中的重点和难点。

笔者认为：国家工作人员借他人的“鸡”获得的“蛋”

能否认定为受贿款，关键要看获得的收益是主要来自请托人的让渡，还是国家工作人员自身的经营管理行为。如果本金获得的收益是确定的，是属于请托人将收益转让给国家工作人员的，则国家工作人员与请托人之间就存在直接的利益输送，此种情况就应当认定为受贿；如果本金获得的收益存在不确定性，获取的收益并非来自请托人，而是国家工作人员通过自身市场投资等经营管理行为获取的，则不宜认定为受贿，若构成违纪则按照违纪进行处理。

（三）审查调查取证重点

在办理“借鸡生蛋”型受贿案件时，应注意以下几点。

1. 查明行受贿双方之间的请托谋利事项、监督管理服务关系或者制约关系，这是认定受贿的前提条件。

2. 查明行受贿双方的合意，核实国家工作人员与请托人之间的借款目的是否用于正常的市场投资，有无约定保底收益、固定收益等保证国家工作人员取得确定利益的情形。

3. 查明国家工作人员使用借款获利情况，包括国家工作人员的获利方式、数额，获得的经济利益是否来源于请托人等。

二、借贷型受贿之二“放贷收息”

【核心要点】如何区分放贷收息型受贿与正常民间借贷？受贿数额如何计算？

（一）表现形式

放贷收息型受贿，是指国家工作人员利用职务便利为请托人谋取利益以及利用职权或者地位形成的便利条件通过其他国家工作人员为请托人谋取不正当利益，采取放贷方式收受请托人财物（利息）的行为。

放贷收息型受贿形式多种多样，实践中常遇到以下两种：（1）请托人没有资金需求，国家工作人员主动放贷或者应请托人要求放贷。比如，某市交通局局长李某，明知该市市政道路施工方邓某项目资金充足，仍向邓某提出出借资金收取利息的要求，邓某担心在市政道路项目中被李某刁难，答应并从李某处借款100万元，约定月息3分，项目验收后，邓某按李某要求归还本金及利息共计130万元。（2）请托人有实际资金需求，国家工作人员放贷利率远高于请托人向其他不特定人借款的利率。比如，某市分管住建部门的副市长张某，对该市某房地产公司法定代表人龙某以月息3分放贷收息，龙某在同一时期还向其他人员借款，月息1分至2分不等。

（二）存在的主要争议及认定思路

放贷收息型受贿主要争议有三点：一是如何区分放贷型受贿与正常民间借贷。现实社会中借贷行为较为普遍，且合法借贷行为与非法借贷行为大量并存，刑法以及相关司法解释等对放贷收息型受贿没有明确规定。实践中，对国家工作人员放贷收息行为的处理不尽相同，有的评价为正常民间借贷，有的认定为受贿罪。二是如何计算放贷收息型受贿的犯罪数额。实践中，有的将全部利息认定为受贿数额；有的以超出受法律保护的最高民间借贷利率的数额认定；有的以超过银行定期存款利率的数额认定；有的以超过银行同期贷款利率的数额认定；有的以超过当地民间借贷利率数额认定；有的以超过请托人同期向不特定人借款最高利息认定。三是对于未认定为受贿的其余利息如何评价。实践中，有的认为已经整体评价为受贿行为，根据不得重复评价的原则，对于剩余利息不再进行负面评价；有的认为纪律和法律的要求标准存在差异，除了认定受贿外，应当将剩余利息认定为违纪所得。

笔者认为：一是关于认定国家工作人员放贷收息行为是否构成受贿罪，主要考虑以下几点：（1）借贷双方的关系，是平等主体之间，还是请托与被请托的关系。（2）借贷双方真实意图。在正常民间借贷中，借款人是基于正常的资金需求借用资金，出借人是通过放贷来收获合法利息；而在放贷收息型受贿中，借款人主要以高利息为饵收买国家工作人员为其谋利，出借人通过放贷获取不正常的高额利息。（3）约定借款过程。正常民间借贷的出借方出于资金安全考虑，会详细询问、考量借款人的资金实力、借款时长、归还方式、利息支付等情况，并经公平、自愿、平等的协商达成协议；放贷型受贿中的借条往往是一块遮羞布，只要出借钱款的国家工作人员的权力对于借款人来说仍在“保鲜期”，国家工作人员对上述情况一般不关心。（4）出借资金来源。正常民间借贷中，一般会考虑自己经济实力，仅将自有资金借出；在放贷型受贿中，国家工作人员考虑到向请托人放贷收息，自己能够完全把控风险，其可能会通过向他人无息或低息借款来充实出借资金。（5）利息高低情况。正常民间借贷中，借款人出于自身利益考虑，一般不会约定较高利息，即使双方约定高额利息，也是出于急需资金周转，借款时间较短；而在放贷收息型受贿中，双方往往约定的利息较高，有的利率达到银行同期贷款利率的几倍甚至十几倍。

二是关于放贷收息型受贿的数额计算标准，应当结合双方的主观故意、请托人有无资金需求、向不特定人借款的利率等因素进行分类处理：(1) 国家工作人员明知请托人没有资金需求，或者双方约定以借放贷收息方式掩盖行受贿事实的，即使请托人同期亦存在其他民间借款，也应当将全部利息作为受贿数额。(2) 除上述两种情形外，请托人在同期存在向其他不特定人借款的，认定受贿数额时可参考其他人的利率情况，从有利于被审查调查人出发，扣减向其他人借款的最高利率；前述参考利率难以确定或不适合作为依据的，可参考法定民间借贷最高利率（一年期贷款市场报价利率 LPR 的 4 倍，以 2025 年 5 月为例，1 年期 LPR 为 3.0%），计算受贿数额时扣减对应的利息。

三是关于未认定为受贿的其余利息评价问题，应当坚持纪严于法的要求，将国家工作人员的高息放贷行为整体进行负面评价，对未认定为受贿所得的剩余利息以违纪所得予以收缴。

(三) 审查调查取证重点

在办理放贷收息型受贿案件时，应注意以下几点。

1. 查明行受贿双方之间的请托谋利事项、监督管理服务关系或者制约关系，核实借贷双方是否属于平等主体，这是认定受贿的前提条件。

2. 查明借贷双方的主观故意，是以放贷收息方式掩盖权钱交易，还是正常民间借贷。比如，借款人经营状况、借款时有无资金需求、有无其他更合适的融资渠道、利率情况等；出借方对借款人的经济能力、有无资金需求、是否高额利息的主观认识，职权因素与借贷关系是否成立及利率高低之间的关系等。

3. 查明放贷收息的客观事实。具体包括：双方签订的借款协议，出借资金的来源、钱款的去向，借款人按约定支付利息的数额、方式、次数等。

三、股权型受贿之一“收受干股”

【核心要点】如何认定股份实际转让？数额如何计算？

（一）表现形式

干股型受贿是指国家工作人员未出资而获得股份的行为。实践中，国家工作人员利用职务便利为请托人谋取利益，以及利用职权或者地位形成的便利条件通过其他国家工作人员为请托人谋取不正当利益，并收受请托人所送干股及其分红。

干股型受贿可以分为有资本依托的干股和无资本依托的干股两大类。其中，有资本依托的干股主要有两种表现形式：（1）已进行股权转让登记的干股。比如，私营企业主陈某为感谢国家工作人员郭某某在解决诉讼纠纷事项上提供的帮助，将其公司5%的股权送给郭某某，郭某某同意并安排胞妹签订转让协议、进行工商变更登记。（2）未进行股权转让登记的干股。比如，某公司实际控制人李某为获得国家工作人员王某在项目承揽上的帮助，送给王某 10%的股份并签订了转让协议。王某为防备审查调查未进行股权变更登记，但已经取得股东权益，可以从李某公司获取分红。

对于没有资本依托的干股，其名为股份、实为分红。比如，请托人口头承诺给予国家工作人员 30%公司干股，实际意思是按 30%股份给国家工作人员分红，而并不打算将公司股份转让。事实上，该公司的股份仍在原各股东占有之下，且公司各股东仍按照其股份比例获得分红。

（二）存在的主要争议及认定思路

干股型受贿主要争议有两点：一是如何认定干股已经实际转让，对于签订了股权转让协议但未办理工商变更登记的，能否认定已经实际转让；二是如何计算股份价值，是以公司注册资本为基数计算，还是以公司实际资产为基数计算。

笔者认为：一是关于股份实际转让的认定问题。2007 年最高人民法院、最高人民检察院《关于办理受贿刑事案件适用法律若干问题的意见》规定，进行了股权转让登记，或者相关证据证明股份发生了实际转让的，应当认定为受贿。可以看出，干股转让包括了登记转让和事实转让两种情况。实践中，股份转让的情况非常复杂，需要综合以下各种因素进行判断：（1）双方是否签订股权转让协议；（2）行为人是否获得相应的股东权益，如是否可以依据股份获得分红；（3）行为人是否可以对股份进行有效的处置，如是否可以再次转让获利。此外，特殊情形下，在公司终止存续、清算时还要考虑是否可按比例分配公司的剩余财产等。

二是关于股份价值的计算问题。2007 年最高人民法院、最高人民检察院《关于办理受贿刑事案件适用法律若干问题的意见》规定，受贿数额按转让行为时股份价值计算，所分红利按受贿孳息处理。实践中，应根据公司性质确定干股价值。（1）对于有限责任公司，需对公司净资产进行评估后来计算受贿数额，受贿数额 =（受贿股份/公司注册资本）×公司净资产。理由是股份价值对应公司资产，而不是注册资本。公司注册资本一段时间内相对稳定，而公司资产状况随着经营活动的开展时时发生变化。国家工作人员接受干股时，公司的资本很可能已经增值或贬值，直接以注册资本为基数计算，有违客观公正的原则。（2）对于股份有限公司，应该区分股票上市和未上市两种情况。收受未上市的股票，按照转让行为时该股票依法进行交易的交易价格计算；收受已上市交易的股票，由于股票价格处于波动状态，有当日最高价、最低价、成交价、收盘价等多种价格，参考有关判例，可按照双方转让行为时该股票的收盘价计算。

（三）审查调查取证重点

在办理干股型受贿案件时，应注意以下几点。

1. 查明行受贿双方之间的请托谋利事项、监督管理服务关系或者制约关系，这是认定受贿的前提条件。

2. 查明股份是否已经实际转让，具体包括：（1）收集工商登记资料、相关股东及企业经营管理人员的证言等，证实行贿人具有股份处置权限；（2）收集股权转让协议及登记材料，转让双方及有关经办人、知情人关于股份转让及分红情况的证言，核实股份实际转让的情况。

3. 查明转让股份价值，具体包括：（1）对于有限责任公司，需要适时对公司进行资产评估；（2）对于股份有限公司，需要收集并固定双方转让行为时证券交易市场交易价格的证据等。

四、股权型受贿之二“股权交易”

【核心要点】临上市前出资购买原始股的行为属于什么性质？数额如何认定？

（一）表现形式

股权交易型受贿是指国家工作人员利用职务便利为请托人谋取利益以及利用职权或者地位形成的便利条件通过其他国家工作人员为请托人谋取不正当利益，并以股权买卖的方式收受请托人好处的行为。

股权交易型受贿，与房屋买卖等市场交易型受贿本质是相同的，主要有两种类型：（1）低买股权，最具有代表性的就是上市前突击购买原始股的行为。比如，某银行行长李某为私营企业主张某融资提供帮助，在公司临上市前以每股 2 元价格购买 20 万股，上市后以 500 万元售出。（2）高卖股份。比如，某市市委书记杨某为私营企业主林某在工程承揽等方面提供帮助，在得知其子杨某某投资1000万元的企业亏损严重的情况下，安排林某仍以原价接手该亏损企业。

（二）存在的主要争议及认定思路

股权交易型受贿主要争议集中在行为人正常出资购买原始股的行为，一是如何评价行为的性质，合法的投资行为、违纪还是犯罪行为；二是如果是犯罪行为，受贿金额如何认定。对于案发时已经转让出售的，通常以实际获利为基准计算受贿数额；而对于案发时尚未出售，如何认定数额存在比较大的争议，有的主张以上市发行价扣除出资成本来计算，有的主张以禁售期满的首个交易日最低价来计算，有的主张以案发日的价值来计算等。不同的计算方式，数额差距往往比较大。

笔者认为：一是原始股的性质和特点决定了其可以用作行受贿犯罪对象。原始股是指在公司申请上市之前面向公司高管或者战略投资人定向发售的一种股票。其有两个特点，购买资格的限定性，通常不向社会公众开放，存在较高的购置门槛；高溢价性，上市成功后可以获得几倍、十几倍甚至更多的收益。当然这种溢价不是绝对的，而是大概率事件。所以，原始股是一种较难获得的稀缺资源。原始股作为交易的对象，购买方并不是看中股份的即时资产价值，而是为了享有上市后可能带来的巨大溢价收益。虽然行为人正常花钱购买了原始股，但没有支付预期收益的对价，本质上仍然是权钱交易行为，应认定为受贿犯罪。二是关于受贿数额认定的问题。对于案发时尚未出售的，应当区分是否处于禁售期。如果在禁售期内的，行为人无法变现，倾向采取有利于被审查调查人的原则，以开盘日至案发日的最低价作为计算基准；如果过了禁售期，交易日期内任何时间点都可以随时变现，宜以案发日的市场价值作为计算基准，扣除实际投入资金即为受贿数额。

（三）审查调查取证重点

在办理股权交易型受贿案件时，应注意以下几点。

1. 查明行受贿双方之间的请托谋利事项、监督管理服务关系或者制约关系，这是认定受贿的重要条件。

2. 查明主观故意。对于原始股而言，重要的是双方买卖时对于原始股的购买资格和高溢价性的明知，正是这种高附加值的稀缺资源才能成为权钱交易的对象；对于其他股份而言，重要的是交易双方对于交易时股权价值的认识，为何愿意低买高卖。

3. 查明股权交易的事实。具体包括：（1）股权交易的时间、地点、价格、方式，有无代持人、知情人等。（2）股权的真实价值，上市公司需要调取作为基准价格的相关证据；非上市公司必要时可以请资产评估公司进行股权价值评估。

第五节　特定关系人收受财物、亲属间行受贿的性质认定及取证要点

特定关系人收受财物、亲属间行受贿，都是涉及腐败犯罪的主体问题。实践中，要重点把握特定关系人的类型，区分开

是行为人通过关系人收受财物后的利益共享，还是双方之间的行受贿法律问题。

一、特定关系人收受财物

【核心要点】如何认定近亲属、情妇（夫）以外的特定关系人？如何确定国家工作人员对特定关系人收受财物的知情程度？

（一）表现形式

国家工作人员利用职务便利为请托人谋取利益以及利用职权或者地位形成的便利条件通过其他国家工作人员为请托人谋取不正当利益，并通过特定关系人收受财物，在领导干部受贿案件中属于常见的受贿方式。

根据2007年最高人民法院、最高人民检察院《关于办理受贿刑事案件适用法律若干问题的意见》规定，特定关系人是指与国家工作人员有近亲属、情妇（夫）以及其他共同利益关系的人。国家工作人员对特定关系人收受财物知情主要包括两种情形：(1) 事前共谋型，即国家工作人员与特定关系人在事前共同商量，一方负责办事、一方负责收钱。比如，某市人大常委会原副主任张某长子张某某通过张某打招呼在某市做工程收受好处，张某事前知情并同意，事后张某某又将收受情况告知张某。(2) 事后告知型，即特定关系人向国家工作人员转达请托事项，收受财物后再将有关情况告知国家工作人员，有的告知内容较为详细具体，有的告知较为概括笼统。比如，某市市委原书记李某之妻刘某收受私营企业主所送100万元现金及价值300余万元房屋一套。刘某事后向李某详细告知了收受100万元现金，同时告知收受房屋的大概位置、面积，但未告知房屋的具体信息及价值。

（二）存在的主要争议及认定思路

实践中，对于国家工作人员通过特定关系人收受财物问题，主要争议点有两个：一是如何认定近亲属、情妇（夫）以外的特定关系人。由于相关司法解释未对近亲属以外的共同利益关系人进行界定，实践中存在认定标准不一致的问题。有的认为共同利益仅指经济利益关系；有的认为其他共同利益关系不仅包括经济利益关系，还包括精神上、政治上的非物质利益关系。二是国家工作人员对特定关系人收受财物的知情程度。现有司法解释中，对国家工作人员的知情程度并未作明确的规定。实践中，有的国家工作人员以对特定关系人收受财物事实不知情或者不全知情为由进行辩解，影响案件事实的性质认定。

笔者认为：一是关于近亲属以外的共同利益关系人。从立法逻辑来看，近亲属、情妇（夫）与其他共同利益关系人系并列关系，作为兜底性规定的其他共同利益关系人与近亲属、情妇（夫）具有相似性。而近亲属、情妇（夫）与国家工作人员既有经济上的利益关系，也有精神利益关系和其他利益关系。二是关于国家工作人员的知情程度。首先应排除故意说谎、逃避惩罚等取证不到位情况。其次，在具体认定知情方面，应将事前共谋与事后知情结合起来进行判断。其中，事前共谋因国家工作人员事前对收受财物有预期、事后有告知，知情相对概括也可以。而事后告知型，由于事前无收受财物具体共谋，所以对事后告知内容的具体程度一般要求较高，如收受钱款的，知情的数量应当与实际数额大体相当；对于收受房产等财物，应当知晓房屋位置、面积等基本情况。

（三）审查调查取证重点

在查证国家工作人员通过特定关系人收受财物问题时，应注意以下几点。

1. 查明行受贿双方之间的请托谋利事项、监督管理服务关系或者制约关系，这是认定受贿的前提条件。

2. 查明属于何种类型的特定关系人。需要注意的是，对于情妇（夫）这种特定关系人，除了要收集双方言词证据外，还需要注意收集出行住宿记录、相关知情人员笔录等证据；对于特定关系人以外的人，需要注意收集双方共同占有、分配、使用、处置财物等及具有其他共同利益关系的具体证据。

3. 查明国家工作人员的主观故意。包括事前共谋的情况，如共谋的时间、地点、在场人员，共谋的具体内容、情节、预期利益大小以及国家工作人员的态度等；也包括事后告知的情况，如告知的时间、地点、在场人员，告知的收受财物的类别、具体内容、价值、情节以及国家工作人员知情后的态度等。

4. 查明收受财物的具体情况。包括财物的种类、价值以及国家工作人员与特定关系人之间如何分配等。

二、亲属间行受贿

【核心要点】亲属关系是否影响行受贿的成立？

（一）表现形式

亲属间行受贿是指国家工作人员利用职务便利为亲属谋取利益以及利用职权或者地位形成的便利条件通过其他国家工作人员为亲属谋取不正当利益，收受亲属所送财物的行为。

按照亲属与国家工作人员的关系，亲属与国家工作人员的经济往来可以分为三类：（1）直系亲属的经济往来，如配偶、子女、父母。（2）直系亲属以外近亲属的经济往来，如同胞兄弟姐妹等。比如，某国有企业原董事长李某某为其胞弟谋利，其胞弟给予李某某现金、汽车、股权等财物折合数千万元。（3）近亲属以外其他亲属的经济往来，如表兄弟、姨姐妹。比如，某市公安局原局长刘某为其妻妹马某谋利，马某给予刘某钱款数百万元。

（二）存在的主要争议及认定思路

亲属间的权钱交易行为，往往隐藏于因亲情伦理衍生的赠与、继承、财产混同等复杂关系中，造成该类案件的调查取证、事实认定等困难。此类案件的主要争议点是如何与亲属间的正常经济往来进行区分。有的观点认为应以是否利用职务便利为亲属谋利为标准进行区分；有的观点认为应以财物数额大小为标准进行区分，还有的观点认为应根据亲属关系的远近程度分别处理。

笔者认为：刑法对行贿主体身份并未作特殊规定，若亲属间经济往来符合权钱交易的本质，同样可以成立受贿罪。具体可以分为以下几种情况：（1）对于收受配偶、父母、子女等直系亲属财物的，由于亲密家庭关系的存在，有着共同经济利益关系，即使数额较大，实践中也很难认定为受贿。（2）对于收受同胞兄弟姐妹财物的，虽然关系也属于近亲属范围，但无论是情感关系还是经济关系，都与配偶、父母、子女不在一个位阶。如果与同胞兄弟姐妹之间的经济往来超过正常人情往来，同时又有公权力的因素，则有可能成立受贿。（3）对于收受近亲属以外的其他亲属财物的，通常只要收受金额超过正常人情往来、具备权钱交易性质的，就可以认定为受贿。

需要特别注意的是，亲属间的不正当经济往来，除了行受贿外，还可能是共同收受他人贿赂后的利益分配行为。例如，国家工作人员王某甲接受其胞弟王某乙请托，为朋友宋某所在公司承揽工程提供帮助，后宋某给予王某乙好处费 500 万元，王某乙从中拿出 100 万元送给王某甲。表面看，王某甲收受王某乙财物，但实质上钱款来源于宋某，也是为宋某谋取利益。实践中，要通过准确判断行贿的主体，来区分以上两种法律关系。

（三）审查调查取证重点

在办理亲属间受贿案件时，需要注意以下几点。

1. 查明行受贿双方之间的请托谋利事项、监督管理服务关系或者制约关系，这是认定受贿的前提条件。

2. 查明行受贿双方关系，具体包括：（1）是否具有扶养、抚养、赡养和继承关系；(2) 是否有共同继承、共同债权债务关系；(3) 是否有正常借款、投资关系。

3. 查明收受财物的价值大小，以及是否超出合理范围，具体可结合亲属双方的经济收入、家庭条件、风俗习惯，以及收送财物与谋利事项之间是否具有关联性、对价性等方面进行判断。

附录

常用取证规范格式

（涉及数字处，统一使用阿拉伯数字）

一、笔录中谈话对象签字

谈话对象核对笔录后，在正文下另起一行写明：

“以上笔录共____页，我已看过（或已向我宣读过），和我说的相符。”

谈话对象：________，______年____月____日

谈话人：______、______，______年____月____日

二、笔录中饮食、休息等

根据相关规定，对于未采取留置措施的，单次谈话不得超过十小时，被谈话人饮食和必要的休息时间除外。所以，笔录中，对于保障谈话对象饮食、休息的，应有所体现。

比如：“问：现在是______点______分，我们用餐、休息一会儿再谈。答：好的。”“问：现在是______点______分，我们继续谈。答：好的。”

三、自书材料

自书人在自书材料上逐页签名、书写页码（“第×页”），

最后一页收尾处签名，注明日期，并在自书材料每页底部签名处、正文修改处、收尾签名和日期处捺指印。

调查人员收到自书材料后，在自书材料首页右上角位置签写：

“此材料共____页，于____年____月____日收到，接收人：________、________”。

四、书证复印件

此材料复印于________，共计____页，已与原件核对无异，因档案管理要求，原件存放于________________________________。

提供人：________　　调取人：________、________

______年____月____日　______年____月____日

五、身份证复印件

证人在提供的身份证复印件空白处亲笔书写“本复印件由我本人提供，与原件一致”。

提供人：________　　接收人：______、______

______年____月____日　______年____月____日

六、网页打印说明

办案中，有时会通过互联网查询打印外币汇率情况、工商登记资料等，需要注明来源等情况。以外币汇率为例：由两名以上调查人员在国家外汇管理局官网上下载有关汇率信息，并简要注明调取情况：

“此材料共____ 页，打印于国家外汇管理局官网”，调取人：________、________，____ 年____ 月____ 日。

后　记

习近平总书记对纪检监察干部队伍建设高度重视，寄予殷切期望，要求努力建设一支政治素质高、忠诚干净担当、专业化能力强、敢于善于斗争的纪检监察铁军。中央纪委国家监委落实习近平总书记要求，不断加强自身规范化、法治化、正规化建设，以高质量的干部队伍推动纪检监察工作高质量发展。二十届中央纪委四次全会决定开展“纪检监察工作规范化法治化正规化建设年”行动，着力推动纪检监察铁军建设再上新台阶。

为助力新时代新征程纪检监察工作高质量发展，满足广大纪检监察干部学习业务知识的新需求，提高纪法思维和审查调查工作能力，尤其是精准收集、固定、运用证据的能力和水平，笔者结合自己工作经历和体会撰写了本书。书中引用大量典型案例，突出实用性、实战性，重点讲解了证据的收集和审查，受贿犯罪认定和证据问题，新型腐败和隐性腐败的查办重点和取证要点等。

在此，首先要感谢我的家人，作为一名纪检监察干部，常年无休的工作、聚少离多的生活已经成为常态，是家人们的理解和默默付出为我解决了后顾之忧，可以全身心地投入这场没有硝烟的战争。感谢中央纪委国家监委机关以及专案组的领导和同志们，工作中给予了我很大的信任和支持，多岗位高强度的历练让我积累了丰富鲜活的办案经验，也让我在波澜壮阔的反腐败斗争中更好成长。感谢广大读者的关心和厚爱，是你们给了我不断学习思考总结的动力。最后，感谢中国方正出版社的大力支持，尤其是编辑同志一遍遍认真细致校稿，为广大读者奉献了高质量的作品。

作为一名“业余写手”，只能在紧张办案之余完成文稿写作，受个人能力和精力所限，书中难免疏漏和不足之处，敬请读者批评指正。

作　者

2025 年 8 月

图书在版编目（CIP）数据

纪检监察证据收集与审查/孙宏斌著．--北京：中国方正出版社，2025.7.--ISBN 978-7-5174-1475-9

Ⅰ．D262.6

中国国家版本馆 CIP 数据核字第 20259UA530 号

纪检监察证据收集与审查

JIJIAN JIANCHA ZHENGJU SHOUJI YU SHENCHA

孙宏斌 **著**

责任编辑：安乐明
责任校对：周志娟
责任印制：李惠君

出版发行：中国方正出版社
（北京市西城区广安门南街甲 2 号　邮编：100053）
编辑部：（010）59594610　门市部：（010）66562755
发行部：（010）66560933　出版部：（010）59594625
网址：www.lianzheng.com.cn
经　　销：新华书店
印　　刷：保定市中画美凯印刷有限公司

开　　本：787 毫米×1092 毫米　1/16
印　　张：17.75
字　　数：198 千字
版　　次：2025 年 8 月第 1 版　2025 年 11 月北京第 2 次印刷

ISBN 978-7-5174-1475-9　　定价：56.00 元

（本书如有印装质量问题，请与本社发行部联系退换）